FILM-KONZEPTE 42

Caroline Link

Herausgeber: Jörn Glasenapp

003 Vorwort

005 *Felix Lenz*
Ein Drehbuch für den FAHNDER als Übergang zwischen Hochschule und Kino. Notizen zu Caroline Links Werk vor JENSEITS DER STILLE

020 *Judith Ellenbürger*
Sinn-Bilder. Diesseits des Lichts, JENSEITS DER STILLE

034 *Susanne Kaul*
Poetische Gerechtigkeit und Komik in Caroline Links PÜNKTCHEN UND ANTON

046 *Nicolas Freund*
Wintermärchen und Zauberberge. Caroline Links NIRGENDWO IN AFRIKA und die Literatur

056 *Jörn Glasenapp*
Im Einklang mit Freud. Trauerarbeit in Caroline Links IM WINTER EIN JAHR

067 *Corina Erk*
Ein Roadmovie in einem fremden Land. Zu Caroline Links Vater-Sohn-Drama EXIT MARRAKECH

085   Biografie

088   Filmografie

089   Autorinnen und Autoren

Vorwort

Das vorliegende *Film-Konzepte*-Heft widmet sich mit Caroline Link einer Regisseurin, deren – in quantitativer Hinsicht nach wie vor vergleichsweise überschaubares – Werk gewiss als einer der wichtigsten Beiträge des deutschsprachigen Gegenwartskinos wird gelten können. Durchweg weist es Link als eine ausgesprochen souverän in der Tradition des *classical cinema* operierende Filmschaffende aus, der es wie kaum einer anderen gelingt, Filme zu realisieren, die mit ihrer für die Regisseurin typischen behutsamen Zugänglichkeit den Präferenzen eines größeren Publikums, zugleich aber auch jenen Anforderungen entsprechen, welche an ein künstlerisch ambitioniertes Autorenkino, ein Kino mit wiedererkennbarer Handschrift also, gestellt werden. Wollte man Letztere mit Blick auf Link etwas näher konturieren, so fielen neben der handwerklichen Perfektion, der subtilen Figurenpsychologie und der außergewöhnlichen Sensibilität bei der Schauspielführung besonders die folgenden Aspekte ins Gewicht: die Vorliebe für Stoffe, welche Aspekte des Coming of Age und die Fragilität familiärer Strukturen in Drucksituationen in den Mittelpunkt rücken, einerseits und ein ausgeprägtes medien-, vor allen Dingen aber kunstreflexives Interesse andererseits. Beide inhaltlichen Linien werden in Links Werken – erinnert sei an dieser Stelle insbesondere an Links Leinwanddebüt JENSEITS DER STILLE (1996) sowie den Trauerfilm IM WINTER EIN JAHR (2008) – auf sehr ungezwungene Art und Weise amalgamiert.

Angesichts der von vielerlei Seiten bestätigten Bedeutung der Oscar-prämierten Regisseurin Caroline Link mag es auf den ersten Blick überraschen, dass eine wissenschaftliche Erschließung ihres Œuvres bislang noch nicht einmal in Ansätzen geleistet worden ist; zu der in der deutschsprachigen Filmwissenschaft zu beobachtenden Tendenz zur Ausblendung bzw. Nichtbeachtung von deutschen Filmemacherinnen passt dieses Desiderat indes sehr wohl. Ihm möchte dieses Heft nachkommen, und zwar mit einer Sichtung des Link'schen Gesamtwerks, angefangen bei den frühen Dokumentar- und Kurzfilmen, die noch im Rahmen von Links Ausbildung an der HFF München entstanden, bis hin zum Roadmovie EXIT MARRAKECH (2013), dem derzeit letzten ihrer Filme.

Angemerkt sei, dass die sechs Beiträge, die das Heft versammelt, erstmals auf einem Kolloquium zur Diskussion gestellt wurden, das am 18. November 2015 an der Otto-Friedrich-Universität Bamberg stattfand und unter dem Titel »Die Fragilität des Familiären« Links Fernseh- und

Kinoarbeiten in den Fokus rückte. Dafür, dass die Beiträgerinnen und Beiträger ihre Vorträge mit großem Engagement in druckfertige Aufsätze verwandelt haben, sei ihnen herzlich gedankt – ebenso wie Caroline Link für ihre Bereitschaft, unmittelbar vor dem Kolloquium, am 17. November 2015, nach Bamberg zu reisen und im Rahmen einer gleichermaßen lebhaften wie informativen Podiumsdiskussion über ihr Schaffen Auskunft zu geben.

Jörn Glasenapp   Dezember 2015

Felix Lenz

Ein Drehbuch für den FAHNDER als Übergang zwischen Hochschule und Kino

Notizen zu Caroline Links Werk vor JENSEITS DER STILLE

I. Zur Frage des Frühwerks

Im Zentrum des vorliegenden *Film-Konzepte*-Heftes steht Caroline Links Kinowerk. Häufig glanzvolle, über die Grenzen des Landes ausstrahlende Aufmerksamkeit und Preise sind hier ihre treuen Begleiter. Indes gilt es, ihre vorausgehenden Arbeiten nicht ganz dem Dunkel zu überlassen, sondern Links Anlaufschritte ins Kino nachzuzeichnen und hierbei auch ihre an der HFF München entstandenen Werke zu berücksichtigen.[1] Allein über sie lässt sich Links Mitwirkung bei der Serie DER FAHNDER (1985–2001) mit ihrem Drehbuch zur Folge TIM (1992), inszeniert von Bernd Schadewald, als Übergang zwischen Filmschule und Kino einschätzen. Diesem Übergang und den dabei involvierten Werken gilt mein Text. Zugleich zielt er darauf, beides in größere Kontexte der deutschen Film- und Fernsehgeschichte einzuordnen.

Link schreibt: »Ich bin nicht sehr gut in der Pflege meines künstlerischen Erbes. Wahrscheinlich, weil ich meine ersten Machwerke nicht für besonders bedeutsam halte.«[2] Oder: »Mein *Frühwerk* ist wirklich nicht sehr bedeutend!«[3] Die Regisseurin setzt den Begriff *Frühwerk* ironisch kursiv. Sie bricht darin einen Topos autorenzentrierter Theorien, nämlich im Frühwerk den Code zu suchen, aus dem heraus sich das Werk wie aus innerer Notwendigkeit entwickelt. Unter der Hand wird das Werk dann selbst zum eigentlichen Agens der künstlerischen Entfaltung. Es droht eine Überdeterminierung, welche die Kämpfe und Krisen der realen Arbeit und epochale Umstände zu Randmomenten degradiert.

Links Werk umfasst bis EXIT MARRAKECH (2013) zehn Filme, für die sie als Autorin oder Regisseurin oder in beiden Rollen einsteht: Fünf Kinofilme mit zusammen etwa zehn Stunden Länge und fünf Kurzfilme und Fernseharbeiten mit zusammen gut drei Stunden Länge sind seit 1987 in 29 Jahren Arbeit entstanden. Das bisherige Werk mit seinen gut 13 Stunden ist so einerseits eine verdichtete Kristallisationsfläche vieler Jahre, andererseits nicht ohne Lücken und Unvollständigkeiten. Bewertungen durch den Zeitgeist, das Produktionssystem und die Öffentlichkeit sowie bloße Zufälle lassen als eine Art Filter nur einen Bruchteil des Möglichen wirklich werden. Dass sich ein Werk aus den Ingredienzien eines Frühwerks autonom entfaltet, erscheint insofern absurd.

Andererseits ist es kaum von der Hand zu weisen, dass es thematische Obsessionen, Entfaltungen, Umkehrungen, Verschiebungen, also Phänomene eines kontinuierlichen *rewritings*[4] gibt. Der Begriff *rewriting* streift indes jeden Determinismus ab und gibt die Verantwortung an tätige Künstler und ihre Arbeit am Weltstoff zurück. Caroline Link bringt in jedem Moment ihres Schaffens Talent, Temperament und spezifische Aufmerksamkeit mit. Doch geschieht dies im Rahmen einer wachsenden Erfahrung und vor allem im Rahmen unterschiedlicher Produktionskontexte. Entgegen einer Werkgenetik gehe ich daher von einer Verkettung je neuer Kollisionen der genannten Faktoren mit den jeweils bestehenden Gestaltungsgelegenheiten aus. Letztere sind, egal ob es um ein Hochschul-, TV- oder Kinoumfeld geht, von soziokulturellen, ökonomischen und technischen Kontexten geprägt, die auf verschiedene Weisen Möglichkeiten schaffen und Freiheit begrenzen und so künstlerische Handlungsfähigkeit modulieren.

II. Caroline Links Hochschulfilme

»An der HFF habe ich in der Dokumentarfilm Abteilung (IV) studiert. Dort habe ich einen kleinen Doku-Übungsfilm in Schwarzweiß gedreht, sowie Co-Regie gemacht bei der Doku GLÜCK ZUM ANFASSEN (1987). Ich war bei vielen HFF Produktionen beteiligt, als Regieassi o. ä., habe aber selbst dann nur noch meinen Abschlussfilm SOMMERTAGE 1990 (45 min) in Schweden gedreht. Mehr gibt's nicht von mir.«[5]

In der Filmschule orientiert das Wertesystem der Filmschultradition, der Lehrer und Mitstudierenden. Der zusammen mit Dagmar Wagner als treibende Kraft und Patrick Hörl produzierte Dokumentarfilm GLÜCK ZUM ANFASSEN (1987, 32 Minuten), Links in Schwarz-Weiß gedrehter, dokumentarisch anmutender Kurzspielfilm BUNTE BLUMEN (1988, 10 Minuten) und ihr Examensspielfilm SOMMERTAGE (1990, 45 Minuten) sind insofern ebenso Auftragsproduktionen zu Übungszwecken wie freie Produktionen jenseits der engen Genre- und Formatdisposition des Fernsehens. Haben sie spröde Züge, so einerseits aus Unvollkommenheit der Erfahrung, andererseits aus einer Freiheit hierzu, die später beschränkt wird.

GLÜCK ZUM ANFASSEN begleitet eine hübsche alleinerziehende Mutter, die bei einer Zeitschrift einen Fototermin mit dem Schlagersänger Jürgen Drews gewonnen hat. Der Film zeigt ihre Lebensumstände im Plattenbau, ihre kleinbürgerlichen Eltern, ihren schamstolzen Gang zur Friseurin, ihre Erwartungen und schließlich Jürgen Drews, der sie halbnackt empfängt, um auf jeden Fall Zentrum der Fotos zu sein, die nun von beiden geschossen werden. Echter Austausch findet nicht statt, alles verbleibt im unverbindlichen rein Bildlichen und verkürzt sich beim Kauf der Zeitschrift am Ende wieder zu bloßem Papier. Der Film erzählt nicht dicht, doch gerade darum mit größter Unabhängigkeit vom attraktionsorientierten fotografischen Prozedere, das er dokumentiert. Seine Abschweifungen gewinnen hierdurch eine enthüllende, ja moralische Kraft. Gerade als Werk einer Anfängerin legt der Film die *déformation professionelle* einer Bildindustrie in aller Unschuld bloß. Auch wenn spätere Werke durch Marktdruck und Gewinn an Erfahrung Zuspitzungen des Talents herausfordern und insofern »bessere« Filme sind, entgehen ihnen doch Qualitäten, die allein unter Bedingungen des Frühen möglich sind.

BUNTE BLUMEN stellt den arbeitslosen Hans (Thomas Kollhoff) ins Zentrum, der seine Fabrik noch einmal besucht, seinen Schmerz mit Pornofilmen zu ersticken sucht und damit seine attraktive Freundin Anna (Ditte Schupp) verletzt. Sie deckt hierauf seine Impotenz auf, kann dann aber den so beschämten Hans durch Evokation innerer Bilder – ihrer bunten Blumen – beruhigen. Eine Aushandlung zu Intimität und Schmerz entfaltet so unter der Hand einen Diskurs zum unterschiedlichen Gebrauch von Bildern im Spannungsfeld von dokumentarischer Inszenierung, Hans' inneren Stimmen, Radiopassagen, Pornofilmfragmenten und schließlich Annas verbal heraufbeschworenen Farbbildern, die mit dem trostlosen Schwarz-Weiß des Films schroff kontrastieren. BUNTE BLUMEN mutet hierbei wie die Exposition eines Langfilms und nicht wie ein Kurzfilm an.

Links Examensfilm SOMMERTAGE, 1990 bei den Hofer Filmtagen mit dem Kodak-Förderpreis ausgezeichnet,[6] widmet sich in sorgloser Langsamkeit der Trauer des adoleszenten Micha (Patrick Bothe) über das Verschwinden seines Vaters aus dem familiären Alltag. Zur Unbeschwertheit seiner kleinen Brüder im schwedischen Ferienparadies führt für ihn kein Weg zurück, und so hat sich Micha ins Fotografieren und Sinnieren, in ein bildhaftes, aber körperloses Verhältnis zur Welt zurückgezogen. Die »flippige« Kinderfrau Isabel (Birge Schade), die einen One-Night-Stand im Nachbarzimmer hat, stört ihn daraus auf. Sein Weg zu einem Verhältnis mit bzw. zu ihr beginnt damit, dass Micha sie für seine Fotografien interessiert und sie dann als seine Muse fotografiert. Unterschwellig verwandelt dies seine Lust am Bild in einen interaktiven, sozialen Prozess, der seine Isolation unterbricht. Eine unbeschwerte Nacht mit Isabel wird sein Weltverhältnis verschieben. Eine Beziehung bleibt indes unmöglich. Link ist hier weiter als in allen anderen Werken von einer Attraktionslogik entfernt. Eine Atmosphäre der Trauer um ein Familienmitglied, eine Landschaft voller Licht und Wasser, ein Zimmer als Rückzugsraum in eine Welt der fixierten Bilder und eine gebrochen erotische Verhandlung zwischen einem melancholischen Mann und einer reizbewussten Frau verbinden dieses Frühwerk bis in einzelne Kamerawinkel mit IM WINTER EIN JAHR (2008). Das Haus des Malers Max Hollander (Josef Bierbichler) liegt hier ebenfalls in einer Wasser- und Seenlandschaft, die zum Schwimmen und Spazierengehen einlädt. Max' Atelier als Bildhöhle, die in seiner Malerei Außen- und Gefühlswelten reflektiert, ist eine Zuspitzung von Michas Fotozimmer. Die scheue Beziehungsentwicklung in diesem Raum in SOMMERTAGE transformiert sich im späteren Film in einen therapeutischen Trauerprozess, der Mann und Frau innig verbindet. SOMMERTAGE verhält sich insofern geradezu wie eine *backstory* gegenüber IM WINTER EIN JAHR, und der Maler Max Hollander erscheint mithin als gealterte Ausgabe von Micha. IM WINTER EIN JAHR ist das komplexere Werk, doch man ginge fehl, SOMMERTAGE zur Skizze hierfür zu verkürzen. Gerade weil Themen hier nicht ausgeschöpft werden, infizieren sie weit beiläufiger die Bilder einer Ferienwelt, die der Protagonist nicht mehr als Kind und noch nicht als Erwachsener zu berühren vermag. Atmosphären, die in IM WINTER EIN JAHR manifest ins Psychodrama und in eine visuelle Selbstreflexion anhand eines Gemäldes führen, schreiben sich im frühen Werk gleichsam nebenbei in die Kameraarbeit ein.

Beide Filme zeigen damit die komplementäre Durchdringung, die Eisenstein als typisch für das Verhältnis von Früh- und Spätwerk diagnostiziert hatte: »The landscape suite of POTEMKIN was born youthfully and directly from the means available to the youthful art of cinema and, naturally, overflowed into *youthful forms* of expression, for the tangibility of the counterpoint structure in my view is one of the typical forms of a similar youth. At a more mature age such thick knitting of the texture and motifs occurs that the direct tangibility of them is lost. And I think that for this very reason of the *feeling of youth* the invariable effecst of eternally popular forms (...) and fabrics (...) are so vitalizing. (...) They always act and impress one by their freshness; at a time when the charm of other fabrics is no longer based on this, but on the perfection of the play of the modulations of the even and smooth surface of the material.«⁷ Die Beziehung zwischen dem jugendlichen Film SOMMERTAGE mit seinen unbewussten Qualitäten und den bewussteren Errungenschaften des reifen Meisterwerks IM WINTER EIN JAHR zeigt sich entsprechend in den gegenläufig miteinander verwandten jahreszeitlichen Titeln beider Werke.

III. Der Weg ins Fernsehen als *rites de passage*

Links Arbeiten für das Fernsehen stellen eine zweite, ganz anders orientierte Werkphase als ihre Hochschulfilme dar. Dabei geht es nicht nur um einen anderen medialen Rahmen, sondern auch um die existenzielle Herausforderung, die Spielwiese der Hochschule zu verlassen und den Einstieg in den Beruf zu meistern. Beide gegensätzlichen Erfahrungsräume spielen direkt zusammen: »Ich habe zuerst TIM geschrieben und anschließend für Dominik Regieassi beim FAHNDER gemacht. (…) Die Geschichte zu TIM hatte ich mir im Rahmen des Serien-Seminars ausgedacht.«⁸ Link findet konzertiert vom Seminarraum und vom FAHNDER-Set aus in die Branche. Sie arbeitet als Assistentin bei drei der wichtigsten FAHNDER-Folgen von Regisseur Dominik Graf: DAS VERSPRECHEN (1992), BIS ANS ENDE DER NACHT (1992) und BAAL (1992)⁹ und erreicht so eine professionelle Rolle, die zugleich eine Verlängerung ihrer Lehrzeit auf neuem Niveau ermöglicht. Ihre universitäre Arbeit am FAHNDER-Drehbuch TIM beschreibt Link wie folgt: »Ich kann mich kaum an meinen FAHNDER erinnern. Ich habe die Idee (…) im Rahmen eines HFF Seminars mit der Bavaria (Seriendramaturgie mit Georg Feil) entwickelt. Studenten konnten damals Ideen einreichen, manche wenige wurden *eingekauft* und verfilmt. Ich war damals komplett begeistert, dass ich einen *echten* Drehbuchvertrag erhalten habe, die Verfilmung durch Bernd Schadewald hatte mir ganz gut gefallen. Ich weiß allerdings nicht mehr genau, wie die Story ging (…). Ich habe leider auch keine VHS mehr von der Folge TIM.«¹⁰

Links Wunscherfüllung gelingt gleichsam bei Wege, initiert darin aber eine völlig neue berufliche Situation. Dem Erlebnis dieses erfolgreichen Übergangs gilt Links Begeisterung, der Gegenstand selbst verblasst dagegen. Wichtiger als er ist die Teillösung einer Lebensfrage. Heute ist TIM für Link eine entlegene Wegmarke, wird jedoch zugleich sorgfältig historisch verortet: Das alles fand im *VHS-Zeitalter* statt, in einer Epoche vor Internet und DVD, vor leicht teilbaren privaten Filmarchiven. Links FAHNDER-Drehbuch fällt nicht nur vor ihre Kinozeit, sondern auch in eine andere medienhistorische Epoche. Links persönliche *rites de passage* überlagert sich so mit Übergangsmomenten, die weit über ihre eigene Kontrolle hinausgehen. Hierdurch treten die Bedeutungszuschreibungen durch die Autorin und diejenigen, die sich aus dem größeren Kontext ergeben können, auseinander. Mithilfe dieser Diskrepanz möchte ich die FAHNDER-Folge TIM mit zwei Augen gleichsam stereoskopisch einschätzen: zum einen als Schritt in Links Werkprogression, zum anderen in einem fernseh- und genregeschichtlichen Referenzrahmen.

IV. Die FAHNDER-Folge TIM

TIM beginnt mit einer aufwendigen Observation. Ein Einbruch soll verhindert werden, da jedoch nichts geschieht, erklärt Otto (Dieter Pfaff) Horoskope und fragt die Sternzeichen der Kollegen ab. Damit weckt er den auf der Rückbank schlafenden Faber (Klaus Wennemann). Statt auf die Frage nach dem Sternzeichen einzugehen, möchte der die Aktion abblasen und nach Hause gehen.[11] Dann aber bemerkt Faber den Schein einer Taschenlampe im Kaufhaus. Die Sehnsucht nach dem heimischen Bett ist sofort vergessen: Otto durchstreift die Plüschtier-Abteilung, und Faber stört in der Outdoor-Abteilung barsch einen schlafenden Jungen aus einem Zelt auf. Der Poesie des Moments steht das hartnäckige Schweigen des Kindes auf der Wache entgegen, das bei Faber einen übertriebenen Wutanfall auslöst.

So rückt der dickliche Otto, im FAHNDER sonst eine abgewertete Nebenfigur, ins Zentrum: »Und wenn der Junge nicht nach Hause will, dann wird er schon seinen Grund dafür haben!« In Kontrast zum eigenen Bedürfnis, nach Hause zu gehen, gelangt Otto zu einer empathischen Diagnose. Er bietet dem Kind Schokolade an – die er dann selbst isst – und bekennt freimütig eigene Niederlagen in der Schule. Die Frage, ob Otto mit diesen vertrauensbildenden Maßnahmen weiter kommt als Faber, bleibt indes unbeantwortet, da es Faber inzwischen geglückt ist, den Fall an das Jugendamt abzuschieben.

Wenn auch unspektakulär, findet hier eine kleine Revolution statt. Links Drehbuch etabliert einen zu Faber und dem Format gegenläufigen Ermittlungsstil und wertet Ottos weiche Eigenschaften zur polizeilichen Ressource um. Diesbezüglich präfiguriert die Szene das ZDF-Hauptabendformat SPERLING (1995–2007), in dem Otto-Darsteller Dieter Pfaff ab 1995 als Kommissar Sperling in diesem Stil ermittelt hat.[12] Sperling führt nie eine Waffe bei sich, stattdessen nimmt er sich Zeit für Empathie

Otto (Dieter Pfaff) ersetzt Faber (Klaus Wennemann) bei der Befragung von Tim (Julian Manuel)

mit Opfern und Zeugen, um, statt nur aufzuklären, als Mentor Lösungen für alle zu suchen.[13] Links Verschiebung im Polizeiensemble gründet in einem beim FAHNDER neuartigen Fallentwurf. Kinder geraten hier selten in den Blick,[14] Interesse finden dagegen ambivalente Adoleszente, die zwischen Erwachsenwerden und Kriminalität schwanken. Schuld- und tatfähig werden sie als Gegenfiguren zur Ermittlung geführt. Link macht jedoch, dem Format entgegen, einen Opfer-Protagonisten stark, zeichnet kein Täter-, sondern ein kontextgenaues Opferporträt.

Dramaturgisch rückt in TIM das Kind ins Zentrum, da es vornehmlich schweigt. Dies fordert Deutungsversuche der Polizisten heraus und verweist das Publikum darauf, den Jungen über die Milieulagen, in denen er allein agiert, zu verstehen.[15] Beide Erzählstränge zusammen entfalten das Missverhältnis zwischen den fatalen Gesetzmäßigkeiten von Tims Leben und dem Mangel an gesetzlichem Zugriff darauf. Links Porträt kindlicher Einsamkeit prononciert hierdurch zugleich eine deutliche Institutionenkritik.

Erst Fabers Drohung, Tim über das Jugendamt unterbringen zu lassen, aktiviert das Kind zu verbaler Verhandlung. Faber bringt Tim erst einmal in die Kneipe »Treff«, die seine Freundin Susanne (Barbara Freier) führt.

Tim schläft sofort ein und wirkt in der verrauchten Kneipe wie ein Fremdkörper. Susannes Versuch, ihn über die Sorgen seiner Eltern in Dialog zu bringen, kontert er mit einem elementaren Bedürfnis: »Ich habe Hunger!« Faber und Susanne geben ihm zu essen, nehmen ihn zu sich, schenken ihm eine Zahnbürste, weisen ihm ein Bett an. Dass Tim beide so in eine Elternrolle bringt, zeigt auf, was ihm fehlt. Zugleich bleibt die Vertrauensbildung gebrochen. Im Bad schließt Tim sich sorgfältig ein. Niemand – außer dem Publikum – darf seinen zerschundenen Körper sehen. Später im Film genießen all seine Schulkameraden den Schwimmunterricht, während Tim allein und angezogen am Beckenrand sitzt. Tims Isolation wird jeweils anhand basaler Situationen mit Wasser kenntlich.[16] Erst als Tim schreiend aus Albträumen erwacht, entdeckt Faber die Verletzungen. Diesmal muss Susanne seine überschäumende Wut dämpfen. Faber erscheint auf diese Weise gutartig, aber als Ermittler begrenzt und darin erneut in Gegensatz zu Ottos Verhalten auf der Wache.

Der Schrottplatz von Tims Eltern wird durch immer neue Schwenks mit Fabers Einsatzwagen als labyrinthisches Gelände, als Kriegsschauplatz abseits der zivilen Welt eingeführt. Tims Mutter, eine gutaussehende, aber von Ängsten gezeichnete Frau, bebt, sie ist fahrig. Statt auf Fabers Fragen

Tim (Julian Manuel) isoliert und vom elementaren Wasser getrennt in Tim

einzugehen, ruft sie ihren Mann Robert ins enge Büro, der versucht, Faber sofort aggressiv ins Unrecht zu setzen: Weil Faber Tim nicht zum Jugendamt brachte, wirft er ihm Kidnapping vor. Zugleich macht sein habitueller Satz »Der weiß doch genau, dass er wieder eins hinter die Löffel bekommt!« Robert als Täter kenntlich. Moby, Tims älterer Bruder, tritt von der engen Treppe, die zum Wohntrakt der Familie führt, hinzu. Als Reaktion auf dessen Kopfwunde konfrontiert Faber den Vater mit Tims Verletzungen. Ohne zu zögern, stößt Robert den Polizisten beiseite, rennt zu Fabers Dienstwagen und zerrt seinen Sohn brutal aus dem Auto. Die Militanz, mit der er gegen die Sicherung von Beweisen angeht, erweist ihn hinsichtlich der Wut als einen zu Faber gegenläufigen Charakter. Während Faber vom Feuer der Gerechtigkeit gepeinigt ist, wird Robert aus Scham, Wut und Frustration zum übergriffigen Täter. Seine Gattin erscheint dagegen als schwache Komplizin. Auch Tim beugt sich der Gewalt und kehrt in seine Hölle des Alltags zurück. Zusammen mit Mutter und Moby hören wir, wie er hinter verschlossener Tür erneut verprügelt wird. Link findet so eine Perspektive, die Tims Leiden als systemisch stabilisierten Dauerzustand zeichnet.

In der Aporie zwischen Handlungsdruck und der idealen, aber unmöglichen Lösung einer Familientherapie versucht Faber Tims Lehrerin als Verbündete zu gewinnen. Doch sie sagt Sätze wie: »Wenn ich mich um jedes Wehwehchen kümmern würde«, »Krach gibt es doch in jeder Familie!« oder »Ich kann doch nicht so einfach den Vater eines Schülers denunzieren«.

Während Faber an den Institutionen Gesetz, Therapie und Schule scheitert, suchen die Brüder eigene Ventile. In einer Schrottplatzhalle ist ein altes Segelschiff aufgebockt. Hier spielen beide, wie sie in einem wilden Sturm auf See einander retten. Ihre Fantasie – eine kompensatorische, faktisch aber trockene Wasserwelt[17] – ist ein wenig zu schön, und Moby ist für sie eigentlich zu alt. Link bricht das Klischee, frühes Leid mache früh erwachsen. Vielmehr zeigt sie auf, wie Ohnmachtserfahrungen das Ergreifen einer realistischen erwachsenen Autonomie durch Zerrbilder kontaminieren. Der Plan der Brüder, nach Genua zu fahren, als Schiffsjungen anzuheuern und nach Afrika, nach Liberia in die Freiheit zu entkommen, erscheint so als haltlos. Zugleich besteht eine Parallele zu Links Oscar-prämiertem Werk NIRGENDWO IN AFRIKA (2001). Auch hier erzwingt eine Lage struktureller, diesmal staatlicher Gewalt in Deutschland eine Flucht nach Afrika, ins Ungewisse. In TIM ist der Fluchtplan jedoch weit unsolider. Seine Mischung aus Fantasie, infantiler Omnipotenz, Not und technischer Kompetenz der Brüder führt zur Katastrophe.

Zwar knacken beide mit Erfolg einen Wagen, finden gegen den anstürmenden Besitzer aber kein besseres Mittel, als ihn zu überfahren und Fahrerflucht zu begehen.[18]

Einerseits braucht das Drehbuch diese Eskalation, andererseits ergeben sich hieraus Konflikte mit der Prämisse kindlicher Unschuld und entsprechenden Normen des Fernsehvorabends. Das Drehbuch sucht daher Möglichkeiten zur Schuldminderung. Nicht nur, dass die Kinder aus Mangel an institutioneller Unterstützung handeln, Moby besucht auch noch in Sorge um sein Opfer das Krankenhaus. Außerdem führt letztlich eine Fehldiagnose der Notfallärzte zum Tod des Überfahrenen. Entsprechend gemildert äußern sich Tims Todeswünsche gegen seinen Vater im Finale. Die Kinder wollen gerade abfahren, als der Vater sie einholt, erst das Auto mit einem Schürhaken zerschlägt und dann auch Moby bedroht. Tim hält dieses Geschehen mit Fabers Dienstpistole auf, die er zuvor entwendet hatte. Doch sein Schuss macht Tim nicht zum Vatermörder, sondern verletzt diesen nur an der Schulter. Fabers Eintreffen im nächsten Moment kann eine Familienversöhnung einleiten. Diese Auflösung fällt gegen den äußerst geglückten Versuchsaufbau des Porträts eines Geschlagenen ein wenig ab. Anders als in den »helleren« Genres ihrer späteren Kinofilme kollidiert in TIM Links Glaube an die Unschuld und die transzendierende Kraft der Kinder[19] mit der im Krimigenre obligatorischen Schuldverhandlung. Die Pole Kindheit und Erwachsensein, Unschuld und Schuld bleiben hierdurch ästhetisch ohne Vermittlung. Links erzählerische Überzeugung und ihr Bild vom Kind erweisen sich im Kern als inkompatibel mit dem Genre. Mit ihrem kühnen Ansatz, vom Opfer aus zu erzählen, stößt Link zugleich an die Grenzen der Normen von Fernsehen und Format: Ein Vatermord im Vorabend bleibt unmöglich.

V. Eine Appropriation von TIM

Im Jahr 2001 erscheint ein deutscher Film, in dem neben anderen Figuren ein Brüderpaar in einem Resozialisierungscamp auf Korsika im Zentrum steht. Der Ältere hat in Deutschland seinen brutalen Vater getötet und sehnt sich nach erotischer Erfüllung, der Jüngere sucht dagegen am Strand nach Eltern, die ihn adoptieren. Beider *backstory* erscheint als Variante der Geschehnisse von TIM, welche die skizzierten Fernsehrücksichten zurücknimmt. Der Film heißt DER FELSEN (2001) und stammt von Dominik Graf.

VI. TIM im Kontext der soziokulturellen Entwicklung des deutschen TV-Krimis

Ein früher deutscher Fernsehkrimi mit realistischem Anspruch wie STAHLNETZ – DIE BLAUE MÜTZE (1958), geschrieben von Wolfgang Menge und inszeniert von Jürgen Roland, basiert ganz selbstverständlich auf dem Schema des alten, unbescholtenen Kleingeschäftsmanns, der Halbstarken, die mit amerikanisierenden Accessoires wie etwa einer Mütze gezeichnet sind, zum Opfer fällt. Die erste Generation Erwachsener ohne Kriegsschuld wird so zum Ort der Ängste vor Gewalt und Willkür gemacht. Diese Entlastungsfigur ist der emotionalen Ökonomie des Nachkriegs geschuldet.[20]

Die ambivalenten Adoleszenten in DER FAHNDER entstammen dagegen den geburtenstarken Jahrgängen bis 1969. Von den ersten Nachkriegsjahren an steigt in BRD und DDR zusammen die Rate von gut 900.000 Geburten pro Jahr bis 1964 auf knapp 1.400.000 an. Noch bis 1969 bleibt die Geburtenrate mit über 1.100.000 Geburten pro Jahr hoch, befindet sich jedoch bereits in einem starken Abschwung, dem sogenannten Pillenknick. 1975 wird ein vorläufiger Tiefpunkt von unter 800.000 Geburten erreicht. Seit 1972 liegt damit die Geburten- unter der Sterberate. Bis Mitte der 1980er Jahre verbleiben die jährlichen Geburten kontinuierlich auf einem niedrigen Niveau. Nach einer leichten Erholung zeigt die Kurve seit 1990 wieder nach unten. Inzwischen werden nur gut halb so viele Kinder geboren wie 1964.[21] Der kleine Tim als Kind der 1980er Jahre vertritt insofern erstmals im Rahmen von DER FAHNDER eine kinderarme Generation. Waren die geburtenstarken Jahrgänge in Gestalt orientierungsbedürftiger Jugendlicher eine bedrohliche Massenbewegung, erscheinen von Tims Altersklasse an vor allem die Kinder selbst als bedroht. Während die Konzeption von DER FAHNDER zu Anfang der 1980er Jahre erstgenannte Gefühlslage und die Probleme der Babyboomer-Generation reflektiert, ist Link Anfang der 1990er Jahre als Späteinsteigerin Seismograf einer neuen Epoche. Tims Bruder Moby ist der Art nach noch ein Vertreter der ursprünglichen Ensemblekonzeption der Serie, Tim selbst etabliert dagegen eine neuartige Konstellation im gesellschaftlichen Kinderbild.

Mit weniger Kindern treten auch Väterlichkeits- und Männlichkeitsentwürfe auseinander: Regressive Väter alter Art stoßen auf neue Männer, die »weibliche« Verhaltenszüge assimilieren. Faber und Tims Vater gehören zu älteren Identitätsleitbildern, während Otto, zuvor als männlicher Akteur abgewertet, durch seine *weiblicheren* Eigenschaften als Polizist nun besser zur Großwetterlage passt.²² Links Werk tangiert den Krimi nur, gleichwohl ist sie Teil des Umbruchs der 1990er Jahre. Zeitnah zu TIM tritt im Herbst 1989 mit der Folge DIE NEUE, geschrieben von Norbert Ehry und inszeniert von Peter Schulze-Rohr, Ulrike Folkerts als erste TATORT-Ermittlerin auf, die sich mit bis heute 62 Folgen langfristig durchgesetzt hat.²³ Männliche Ermittlerfiguren wie Sperling in der Reihe SPERLING (1995–2007) oder später der Anwalt Gregor Ehrenberg als DER DICKE (2005–2013) sowie der Psychotherapeut Bloch in der gleichnamigen Reihe (2002–2013)²⁴ – alle drei vom rundlichen Dieter Pfaff gespielt – und zahlreiche Kommissarinnen sind Effekte des gleichen Trends, in dem adoleszente Täter seltener und kindliche Opfer häufiger werden.²⁵ Der Genrewandel ist insofern deutlich im kulturellen Wechselfeld der Geburtenentwicklung verankert. Das Ensemble von TIM präfiguriert so die medial-gesellschaftliche Familienaufstellung der Gegenwart: Ikonisch stehen empathischeren Männern in gleichem Maß perversere Gewalttäter, Frauen im Beruf weniger und damit emotional gefährdetere Kinder gegenüber. Susanne als berufstätige Mutter, die Fabers Hang zu Gewalttätigkeit körperlich kontern kann, ist als Frau der Gegenentwurf zu Tims altmodisch wehrloser Mutter. Und Faber durchläuft einen Lernprozess, in dem er die neuen Leitlinien von Otto assimiliert.

Für Link ist TIM eine marginale Zwischenstation, ein biografischer Schritt, kein künstlerisches Ereignis. Im Kontext zählt TIM jedoch zu den Marksteinen der Entwicklung des deutschen TV-Krimis.

VII. Eine Brücke von TIM zu JENSEITS DER STILLE (1996)

Tims Stummheit erscheint als Reaktion auf erwachsene Taubheit: Faber will zunächst nichts von Gründen hören, die Lehrerin verweigert Tims Nöten ihre Ohren, Tims Mutter fällt als Adresse für Appelle aus, der Vater, der selbst Schmerzensschreie überhört, erst recht. In TIM fungiert Gehörlosigkeit als Subtextmetapher, die eine bittere soziale Realität diskursiv zusammenbindet. Auch JENSEITS DER STILLE erzählt die Generationenkluft über die Gehörlosigkeit der Eltern der Hauptfigur. Doch ist sie nicht mehr eine Metapher der Deutung, sondern wird in der Behinderung der Eltern zu einer manifesten Realität und darin naturalisiert. Andererseits rücken im symbolischen Sinn der Gehörlosigkeit metaphorische Erzählqualitäten ästhetisch direkt in die filmischen Bilder. Durch ein Schicksalsfaktum entfällt zugleich weitgehend der Faktor der Schuld, der TIM durchdringt. Laras (Sylvie Testud) Probleme, ihre Stimme zu finden, als Musikerin mit Beifall aufgenommen zu werden und durch die Loslösung vom Elternhaus Teil der Welt zu werden, sind hierdurch moralisch weit weniger beschwert.²⁶ Zugleich trägt damit nicht mehr allein das Milieu die ästhetische Verhandlung, vielmehr werden zu Metaphern verdichtete Bilder, die hierbei genutzten Farbqualitäten und vor allem der Ton als sensuelle Faktoren zu Kernmomenten der Gestaltung.²⁷ Zum einen steht TIM so – auch durch seinen Status als Drehbucharbeit bedingt – den Gestaltungsregistern von Links erstem Kinofilm noch fern, zum anderen handelt es sich eindeutig um einen kleinen Bruder und Verwandten im Geiste.

---

1 Da es hierzu kaum Material gibt, habe ich in einem E-Mail-Austausch mit der Regisseurin nachgefragt. Auf meine beiden am 23.10.2015 verschickten Mails mit Fragen hat Caroline Link mit zwei Mails geantwortet: »Mail 1« um 13:20 Uhr und »Mail 2« um 18:03 Uhr. Zudem konnte ich dankenswerterweise ihre Hochschulfilme aus der Bibliothek der HFF München entleihen. — **2** Caroline Link, »Mail 1«, 23.10.2015, 13:20 Uhr. — **3** Caroline Link, »Mail 2«, 23.10.2015, 18:03 Uhr. — **4** Vgl. zu dieser methodischen Perspektive Julie Sanders, *Adaptation and Appropriation*, London/New York 2006, S. 2–4 und S. 24. — **5** Link, »Mail 1« (s. Anm. 2). — **6** Vgl. Margret Köhler, »Lust auf anspruchsvollen Kinderfilm«, in: *film-dienst* (1999), H. 5, S. 13. — **7** Sergei Eisenstein, *Nonindifferent Nature*, Cambridge 1987, S. 253. — **8** Link, »Mail 1« (s. Anm. 2). — **9** Vgl. Felix Lenz, »Dominik Grafs Ursprung als Zielpunkt. Die FAHNDER-Krimis als Skizzen zu späteren Werken«, in: *Dominik Graf* (= *Film-Konzepte* 38), hg. von Jörn Glasenapp, München 2014, S. 5–21. — **10** Link, »Mail 1« (s. Anm. 2). — **11** Eine Sternzeichenabfrage, die schließlich einen Schlafenden weckt, wird Link in PÜNKTCHEN UND ANTON (1999) wiederholen. Diesmal trifft ein Lehrer mit seinen nervigen Fragen auf den schlafenden, von seiner nächtlichen Kinderarbeit ermatteten Anton. — **12** Dieter Pfaffs Leben als Polizistensohn, der gleichermaßen als Schauspiellehrer, Schauspieler, Dramaturg, Regisseur und Kulturreferent tätig war und zeitweise erwog, Therapeut zu werden, ist in all diese Arbeiten deutlich eingeflossen. Pfaff ist einer der Schauspieler, die mit Recht Teil der Autorschaft an ihren Filmen, insbesondere ihren Reihen-Charakteren, beanspruchen können. Vgl. http://www.filmportal.de/person/dieter-pfaff_53293e23e66545e1903423dcf34d6a90 (letzter Zugriff am 3.12.2015). — **13** Von 1995 bis 2007 entstanden insgesamt 18 Folgen der Reihe. SPERLING UND DAS KROKODIL IM MÜLL (2001), geschrieben von Philipp Moog und Frank Röth, inszeniert von Peter Schulze-Rohr, zeigt mit einem terrorisierten Kind im Zentrum sogar thematische Verwandtschaft mit TIM. Der Missbrauchsfall SPERLING UND DAS LETZTE TABU (2001), geschrieben von Norbert Ehry, inszeniert von Peter Schulze-Rohr, erzählt ebenfalls von gefährdeten Kindern. Des Weiteren betreut Sperling in zahlreichen Episoden eine vernachlässigten Nachbarsjungen. Zugleich ist es bezeichnend, dass Faber-Darsteller Klaus Wennemann im Anschluss an DER FAHNDER in der Sat-1-Serie SCHWARZ GREIFT EIN (1995–1999) im Frankfurter Bahnhofsviertel als katholischer Priester ermittelt. Auch er gewinnt so ein empathischeres Repertoire und gibt als Priester Virilität preis. — **14** Zwar spielen in den Folgen EINE BEUTE KRIEGT BEINE (1985), EINE TASCHE VOLLER GELD (1985), TOTES RENNEN (1986), HITZEWELLE (1986) und DER VIERTE MANN (1992) Kinder eine Rolle, etwa als Entführungsopfer, als Figuren stehen sie jedoch nicht im Zentrum, sondern geben vor allem Anlass zur Handlung. Mit fünf von insgesamt 93 Folgen mit Klaus Wennemann als Kommissar Faber bleiben Kinder jedoch auch in diesen Spielarten ein marginaler Faktor des Formats. Am ehesten zeichnet noch TOTES RENNEN (1986), geschrieben von Uwe Erichsen und inszeniert von Erwin Keusch, ein Kinderporträt. Hier gerät der Sohn zwischen die Fronten der geschäftlichen Intrigen seiner Eltern und wird wie Tim zeitweise von Faber und seiner Freundin Susanne in der gemeinsamen Privatwohnung aufgenommen. — **15** Das Verfahren, über kindliches Schweigen zum Bild zu kommen und über kindliche Nöte die Grenzen erwachsener Institutionen bloßzulegen, begegnet uns auch in internationalen Festivalerfolgen wie IL LADRO DI BAMBINI (GESTOHLENE KINDER, 1992), geschrieben von Sandro Petraglia und Stefano Rulli, inszeniert von Gianni Amelio, oder KOKTEBEL (KOKTEBEL, 2003), geschrieben und inszeniert von Boris Khlebnikov und Aleksey Popogrebskiy. — **16** Link arbeitet häufig konstruktiv mit dem Ausdruckspotenzial der Urelemente. Insbesondere Wasser in seinen verschiedenen Aggregatzuständen spielt quer durch ihre Filme, etwa in JENSEITS DER STILLE, NIRGENDWO IN AFRIKA und IM WINTER EIN JAHR eine große Rolle – sei es als entfesseltes Schneetreiben, als Rutschmöglichkeit, als einfrierendes Eis oder als Gelegenheit zum Schwimmen. Link geht es dabei weniger um ein konkretes, persönliches Verhältnis zu Schnee oder Wasser, sondern um die Möglichkeiten von visuellen Kernmetaphern, die ihre Filmgeschichten großräumig zu durchdringen vermögen. — **17** In NIRGENDWO IN AFRIKA und EXIT MARRAKECH (2013) arbeitet Link unmittelbar im Milieu verankert mit Gegensätzen von Wasser und Wüste, Vertrocknung und lösendem Lebenselement und kultiviert hierin eine weitere Ebene der Urelemente und ihrer aristotelischen Qualitäten als Ausdrucksmittel. — **18** Auch in PÜNKTCHEN UND ANTON erzählt Link das kindliche Phantasma, mit einem Auto in die Freiheit aufzubrechen. Anton entwendet den Lieferwagen der Eisdiele, für die er nachts arbeitet, um zu seinem Vater nach Berlin zu fahren. In diesem Fall löst Link jedoch dem Kinderfilmgenre gemäß die Fahrt komödiantisch und nicht katastrophal auf. In diesem Genre ist es nicht erforderlich, mit kindlicher Schuld in erheblichem Maß umzugehen. Damit besteht zugleich auch weniger Bedarf für einschränkende oder entlastende Szenen. — **19** Vgl. Link, »Mail 1« (s. Anm. 2): »An Kindern bewundere ich die Fähigkeit, immer wieder aufzustehen und zu hoffen. (...) Kinder haben noch nicht zu allem feste Meinungen, vielleicht sind sie deshalb offener und durchlässiger. Kinder sehen die Welt unvoreingenommener als Erwachsene. Das liebe ich an Kindern und Jugendlichen.« — **20** Das Format STAHLNETZ (1958–1968) ist nicht allein von dieser narrativen Figur geprägt. Insgesamt stehen Berufsverbrecher im Zentrum der Serie, die sich auf reale Fälle stützt. Von den 22 entstandenen Folgen stehen mit TREFFPUNKT BAHNHOF ZOO (1959), AKTENZEICHEN WELCKER U. A. WEGEN MORDES (1959) und E 605 (1960) vor allem frühe Folgen in Resonanz zu den anhand von DIE BLAUE MÜTZE (1958) skizzierten Werte- und Ensemblestrukturen. Mit REHE (1964) gibt es auch einen Fall mit einem kindlichen Opfer. Im Zentrum steht indes kein Porträt, sondern eine Entführung. — **21** Vgl. https://www.destatis.de/DE/ZahlenFakten/Indikatoren/LangeReihen/ Bevoelkerung/lrbev04.html (letzter Zugriff am 3.12.2015); https://www.destatis.de/DE/ Publikationen/Thematisch/Bevoelkerung/Bevoelkerungsbewegung/BroschuereGeburten Deutschland0120007079004.pdf?__blob=publicationFile (letzter Zugriff am 3.12.2015). — **22** Die Polarisierung im Feld der Männlichkeit wird bereits diskutiert. Vgl. Dennis Gräf, *Tatort. Ein populäres Medium als kultureller Speicher*, Marburg 2010, S. 240–248. Die Fragen zur neuen Rolle der Kinder und wie der Genrewandel mit ihnen verbunden ist, bleibt bisher jedoch unterthematisiert. — **23** Zuvor gab es bereits einige kurzatmigere Versuche mit Kommissarinnen im TATORT. Ab 1978 ermittelte Nicole Heesters für den SWF (heute SWR) drei Folgen lang als Mainzer Kommissarin Buchmüller, und von 1981 bis 1988 brachte es Karin Anselm als Kommissarin Hanne Wiegand ebenfalls für den SWF immerhin auf acht Folgen. Ihr erster Fall DAS LEDERHERZ (1981) wurde von Peter Schulze-Rohr, also dem gleichen Regisseur wie bei DIE NEUE (1989), auf den Weg gebracht. Mit TAXI NACH LEIPZIG (1970) ist er ebenfalls für den allerersten TATORT überhaupt verantwortlich. Insofern ist Schulze-Rohr – mitsamt den oben genannten SPERLING-Folgen – der zentrale Architekt dieser Makrotrendwende im deutschen Fernsehkrimi. Vgl. außerdem Sabine Holtgreve, »Supergirls. Die Geschichte der TATORT-Kommissarinnen«, in: *Ermittlungen in Sachen Tatort. Recherchen und Verhöre, Protokolle und Beweisfotos*, hg. von Eike Wenzel, Berlin 2000, S. 71–82; Gräf, *Tatort* (s. Anm. 22), S. 134–137 und S. 230–249; Holger Wacker, *Tatort. Krimis, Köpfe, Kommissare*, Berlin 1998, S. 207–221. — **24** Die vom WDR und SWR zusammen produzierte Reihe BLOCH (2002–2013) brachte es auf 24 Folgen. — **25** Man denke hier an: SCHWARZ GREIFT EIN – DAS GESTÄNDNIS (1995), ROULA – DUNKLE GEHEIMNISSE (1996), SPERLING UND DAS KROKODIL IM MÜLL (2001), SPERLING UND DAS LETZTE TABU (2001), EINE FRAGE DES GEWISSENS (2006), KOMMISSARIN LUCAS – DAS VERHÖR (2006), DUNKLER SOMMER (2007), die dänische Serie BORGEN (GEFÄHRLICHE SEILSCHAFTEN, 2010–2013), TATORT: WEGWERFMÄDCHEN (2012), TATORT: DAS GOLDENE BAND (2012), TATORT: MACHTLOS (2013), TATORT: MELINDA (2013), CHARLOTTE LINK – DAS ANDERE KIND (2013), OPERATION ZUCKER (2013), MORD IN EBERSWALDE (2013), EINFACH DIE WAHRHEIT (2013) oder die französische Serie PARIS (2015). Vgl. hierzu auch Nikolaus von Festenberg, »Den

Kindern ist kein Himmelreich«, in: *Tagesspiegel Online*, 9.12.2012, http://www.tagesspiegel.de/medien/jungen-und-maedchen-als-opfer-in-krimis-den-kindern-ist-kein-himmelreich/7496124.html (letzter Zugriff am 3.12.2015). — **26** Der tödliche Fahrradunfall von Laras Mutter ist zwar eine Refiguration des Unfalls aus TIM, doch Laras Schuldgefühle sind hierbei weit weniger begründet. Unfälle gibt es in nahezu jedem Film von Link, zuletzt in EXIT MARRAKECH. Realistischer Zufall und melodramatische Eskalation treten hierbei je neu ins Verhältnis. — **27** Vgl. zur Gestaltung von JENSEITS DER STILLE den Beitrag von Judith Ellenbürger im vorliegenden Heft.

Judith Ellenbürger

Sinn-Bilder

Diesseits des Lichts, JENSEITS DER STILLE

Selten lohnt es sich so sehr, einen Film von hinten aufzurollen. Das 1996 unter der Regie von Caroline Link gedrehte Familiendrama JENSEITS DER STILLE – das nicht nur 1998 für den Oscar in der Kategorie »Bester fremdsprachiger Film« nominiert war, sondern bereits ein Jahr zuvor zahlreiche deutsche Filmpreise abgeräumt hatte[1] – fasst sich in seiner letzten Szene perfekt selbst zusammen: Wir befinden uns bei diesem Ende im Städtischen Konservatorium in Berlin. Lara, die Protagonistin (gespielt von Sylvie Testud, in Kinderjahren von Tatjana Trieb), träumt davon, Klarinettistin zu werden und ist nun hier auf die Bühne gekommen, um von der Jury angehört zu werden. Zu ihrer Überraschung taucht direkt vor ihrem Auftritt hinten im Saal ihr tauber Vater Martin (Howie Seago) auf. Er kann ihr zwar nicht zuhören, will aber – so seine Gebärden – sehen, was ihr so wichtig ist, und sehen, wie sie spielt. Als Lara beginnt, durchstreift die Kamera den dunklen Raum und nähert sich langsam dem Vater, der von dem Schwarz beinahe verschluckt wird, von dem nur das Gesicht und die Hände in einem Lichtpegel zu erkennen sind. Die Kamera fokussiert beides im Close-up, bevor sie mit einer 180-Grad-Drehung zur Bühne zurückkehrt. Nach dem Stück verspricht der Vater seiner Tochter, dass er versuchen wird, ihre Musik trotz der Taubheit zu verstehen. Mit diesem Schluss vereint der Film in kondensierter Form alle vier Kategorien, die essenziell für ihn sind, die ihn sowohl auf narrativer als auch auf ästhetischer Ebene bestimmen: Hören, Sehen, Fühlen und Verstehen.

I. Hören

Zunächst scheint es in dem Werk hauptsächlich um das Hören bzw. das Nicht-Hören zu gehen. Wie in den später realisierten Filmen NIRGENDWO IN AFRIKA (2001) und IM WINTER EIN JAHR (2008) steht auch in JENSEITS DER STILLE eine weibliche Protagonistin im Mittelpunkt, die in einem »problematischen familialen Kontext«,[2] hier: als Tochter gehörloser Eltern, aufwächst. Diesem Umstand ist es geschuldet, dass sie schon als Achtjährige die Rolle der Übersetzerin, der, wie Link selbst sagt, »Außenministerin«[3] der Familie übernimmt. Sie erklärt ihrem Vater den Klang von diversen Geräuschen, von Blitz und Donner oder im Wind wehenden Fahnen, übersetzt für ihre Mutter (Emmanuelle Laborit) Liebesfilme und begleitet beide bei offiziellen Terminen in allen Lebenslagen, bei Verhandlungen mit der Bank, Besprechungen mit ihren Lehrern usw. Die Formulierung Martins »Was täten wir ohne Dich und Deine Ohren« betont die Tatsache, dass die hörende Lara für ihre Eltern als Bindeglied zur Gesellschaft fungiert, wodurch es häufig zur Inversion klassischer Rollen in der Familie und damit nicht selten zu Situationskomik kommt – etwa wenn das Mädchen sich während eines Gesprächs von der manierlichen Dolmetscherin zur dreisten Manipulatorin wandelt.[4] Lara selbst jedoch rückt gleichzeitig in die Außenseiterposition, da sie aufgrund der vielen Aufgaben weder Zeit zum Spielen mit anderen Kindern noch zum Lernen für die Schule hat, was ihr immer wieder Ermahnungen durch ihre Klassenlehrerin einbringt. Deutlich offenbart sich die schwierige Lage in einer Unterhaltung, in der die Achtjährige ihre Mutter zurechtweist, weil diese sie mit immer neuen Übersetzungsaufgaben vom Unterricht abhält, und die Erwachsene dem Kind in Anlehnung an Seneca entgegnet: »Das Leben ist die Schule und nicht umgekehrt.«[5] In dieser Szene steht die sehr vernünftige Lara einer weniger verantwortungsvollen Mutter gegenüber, die ihr aber, indem sie dem Individuum zugewandte Werte vertritt – sprich: den Menschen an sich über dessen schulische Leistungen stellt –, Geborgenheit, Wärme und Liebe schenkt.[6] So lässt die besondere Situation und die gegenseitige Abhängigkeit das Dreier- bzw. nach einer weiteren Schwangerschaft Vierergespann immer enger zusammenwachsen.

Im Gegensatz zu den meisten Filmemachern und Filmemacherinnen, die Taubheit thematisieren, greift Link kaum auf Klischees oder Stereotype zurück. Wie vonseiten der *disability studies* konstatiert wird, erscheinen Gehörlose, zumal in amerikanischen Spielfilmen, klassischerweise als »einsame, unglückliche und selbstmordgefährdete Gestalten, die von Freunden und der Familie bemitleidet oder betrogen werden«.[7] Sie stehen selten im Mittelpunkt der Handlung und verkörpern weniger eine Identifikationsfigur, sondern eher ein hilfsbedürftiges Opfer.[8] Der deutschen Regisseurin hingegen war es wichtig, das Leben der Familie in allen Details so realistisch wie möglich darzustellen, weshalb sie umfangreiche Recherchen anstellte und für die Rollen des Vaters und der Mutter gehörlose Schauspieler aussuchte sowie deren persönliche, vertraute Dolmetscher miteinbezog.[9] Ihr respektvoller Blick auf behinderte Menschen aber zeigt sich primär anhand der neutralen Erzählperspektive sowie der Kamera- und Tonarbeit, die gerade bei der Abbildung von Kommunikationsakten die Gleichstellung aller Beteiligten betont. Gehörlose verständigen sich über Mimik und Gestik hinaus mittels Gebärdensprache, lautsprachbegleitenden Gebärden, Laut- und Schriftsprache als auch Lippenlesen. Für den Film bedeutet das, dass er dem hörenden Zuschauer eine Unterhaltung entweder, wie bei anderen Fremdsprachen auch, über Untertitel oder durch einen Übersetzer innerhalb der Diegese nahebringen kann. Zur Aufrechterhaltung der Würde aller Figuren ist es zudem wichtig, dass die Gebärden *en face*, ausreichend groß und vor allem in voller Länge aufgenommen werden.[10] Abweichend vom Gros der einschlägigen Spielfilme, deren Produzenten zum Beispiel aus Angst vor geringen Einnahmen auf Untertitel und sogar Gebärdensprache verzichten (ihre Figuren stattdessen zu so perfekten Lippenlesern machen, wie es sie in der Realität kaum gibt), werden in JENSEITS DER STILLE alle genannten Aspekte berücksichtigt.[11] Anders gewendet unterscheidet Link auf filmischer Ebene nicht zwischen *behindert* und *nicht behindert*, zwischen *normal* und *unnormal*; sie bildet mit den Worten Susan Sontags beide »Staatsbürgerschaften« ab: »Jeder, der geboren wird«, so die amerikanische Schriftstellerin, »besitzt zwei Staatsbürgerschaften, eine im Reich der Gesunden und eine im Reich der Kranken. Und wenn wir alle es auch vorziehen, nur den guten Ruf zu benutzen, früher oder später ist doch jeder von uns gezwungen, wenigstens für eine Weile, sich als Bürger jenes anderen Ortes auszuweisen.«[12]

Zu diesen beiden Orten nimmt der Film den Zuschauer mit, und zwar indem er auf der Ebene des Tons immer wieder Stille oder stark gedämpfte, gedeckte Geräusche mit dem klaren Klang von Musik kontrastiert. Das erleben wir bereits zu Beginn des Films, bei dem die Kamera sich langsam aus den Tiefen eines zugefrorenen Sees in Richtung Oberfläche bzw. schließlich durch die Oberfläche hindurch auf die Eisschicht bewegt. Denn dabei sind zunächst nur dezente Wassergeräusche, dumpfes, verhallendes Scharren und Kratzen und ferne Stimmen hörbar; später dann setzt eine Musik ein, deren schwungvolle Melodie sich erst über der Eisdecke wirklich entfaltet. Ebenso werden erst hier die Stimmen respektive Wörter, Sätze, Sinn verstehbar. Eine ähnliche Hörerfahrung machen wir in den Flashback-Sequenzen, welche die schwere Kindheit des Vaters, insbesondere die mit Eifersucht beladene Beziehung zwischen dem tauben Jungen und seiner hörenden und musizierenden Schwester Clarissa (Sibylle Canonica) beleuchten. Die erste Erinnerung wird an einem Weihnachtsabend eingeleitet, als Clarissa ein

Stück auf ihrer Klarinette spielt und Martin besorgt mitansieht, wie sehr sich seine Tochter für die Musik – den Ort, an dem er sich nicht als Staatsbürger ausweisen kann – begeistert.[13] Der Übergang in seine Welt, seine Wahrnehmung, gestaltet sich auch hier über den Sound, bei dem die zunächst deutlichen Klänge der Klarinette und des begleitenden Klaviers stetig leiser und durch dumpfe, etwas hallende Töne abgelöst werden. Eine Annäherung der Kamera an sein Gesicht sowie eine Szene in Sepia, in der Clarissa als Kind ein Konzert im elterlichen Wohnzimmer gibt, begleiten die Tonspur. Interessant ist, dass später, bei dem zweiten Flashback, mit dem wir wieder in dieselbe Situation (Martins *backstory wound*) eintauchen, auf die dumpfen, hallenden Klänge sein Gelächter und damit auch andere Geräusche, ein wütender Schlag aufs Klavier, das »Shhh« einer Frau, das Seufzen der Schwester usw. folgen; das heißt, hier findet ein Perspektivwechsel vom Blick- bzw. Hörwinkel des Jungen in einen neutralen statt. Dadurch gewinnt die Situation für den hörenden Zuschauer an Prägnanz.

In gewisser Weise ist in der Anfangssequenz und auch in den Flashbacks Stille zu hören. Wie Michel Chion in seiner Studie *Audio-Vision* konstatiert, macht paradoxerweise erst der Tonfilm die Stille möglich, denn »(m)an benötigt Klänge und Stimmen, damit ihre Unterbrechung umso intensiver verdeutlichen kann, was der Zustand namens Stille bedeutet (im Stummfilm suggerierte alles Klang)«.[14] Stille ist sowohl in der Realität als auch im Film äußerst selten eine Stille im Sinne eines Nullpunktelements im Klang- oder Geräuschfluss; vielmehr hat jeder Ort seine ihm eigentümliche Stille, welche im Film besonders dann auftritt, wenn sie einem lautstarken Sound gegenübergestellt wird.[15] So geht es auch in JENSEITS DER STILLE, wie der Titel es verrät, nie um die vollkommene Abwesenheit von Ton, sondern um die eine Welt (der Eltern), in dem der Ton in weiter, nicht erreichbarer Entfernung liegt, und die andere Welt (von Lara), in der Musik eine immer größere Rolle einnimmt. Die Anfangssequenz und die Flashbacks führen einerseits beide Welten zusammen, aber verdeutlichen andererseits durch die akustische Verbindung auch den Kontrast. Zum stärksten Kontrast im Film kommt es bezeichnenderweise in der Sequenz, in der Lara zum ersten Mal mit einer Klarinette auf der Bühne steht und ihr Lied als Achtjährige allein beginnt und es – nach einem Streifzug der Kamera durch den Saal – als 18-Jährige mit Streichern im Hintergrund beendet. Denn direkt auf das Konzert und die anschließende Party folgt ein harter Schnitt in das Haus der Familie, in dem es so still ist, dass das Öffnen und Schließen der Tür, das Geklimper des Schlüssels und das Abstellen der Tasche laut und störend

Landschaft im Schnee

wirken. Zu einer Annäherung kommt es in der Unterhaltung, die Lara und ihr Vater daraufhin führen. Sie beginnt mit der Frage Martins: »Wie klingt der Schnee? Was sagt er Dir?« Lara erklärt: »Ehrlich gesagt, sagt der Schnee nicht viel. Man sagt sogar, dass der Schnee alle Geräusche verschluckt. Wenn Schnee liegt, ist alles viel leiser.« In Anwesenheit von Schnee scheinen die beiden Welten sich ähnlicher zu werden; daher schwingt in Martins Antwort »Das ist schön« die tiefe Sehnsucht mit, die er an anderer Stelle einmal formuliert: »Manchmal wünschte ich, Du wärst auch taub ... dann wärst du ganz in meiner Welt.«

II. Sehen

Der Schnee aber verschluckt nicht nur die Geräusche, sondern auch die Farben, wenn er sich wie eine weiße Decke über die Landschaft legt. »Als eine Darstellung, die sich der Repräsentation entzieht, steht das Weiße für das Sichtbare und das Unsichtbare zugleich.«[16] Indem der Film also die kompletten ersten 20 Minuten im Winter spielt und das *peu à peu* flächendeckende Weiß bei Laras Heimkehr nach dem Konzert wieder aufgreift, scheint er mit der Nähe des Lauts/der Lautlosigkeit zum Sichtbaren/Unsichtbaren zu spielen.[17] Das unschuldige Weiß steht für die zu Beginn weitgehend unbelastete Beziehung zwischen Lara und ihren Eltern, für die Verbundenheit trotz der Verschiedenheit. Der Schnee wird hier folglich nicht wie oft im Exzess als Gefahr inszeniert, als eisige Kälte, welche die Sinnesorgane Nase, Ohren und Haut angreift und Hunger und Einsamkeit evoziert;[18] vielmehr dient er als symbolträchtige Kulisse – ähnlich wie auch in IM WINTER EIN JAHR – für das Familienidyll. »Gemäßigt«, so formuliert es Susanne Marschall im Hinblick auf den Film treffend, »ist Schnee etwas Wunderbares. In seiner sanften Erscheinungsform als leise vom Himmel schwebendes Flockengefolge versetzt er uns in Hochstimmung: Leise fällt er in die Gärten vor behaglich warmen Wohnstuben, in denen es wohlig nach Gebäck und Tannennadeln riecht.«[19] Genau diese Vorstellung rufen die zahlreichen Bilder in JENSEITS DER STILLE hervor, die von draußen in der winterlichen Landschaft aufgenommen sind und einen Blick in das Innere des Familienhauses gewähren, dessen Zimmer von warmem, gelb-orangefarbenem Licht durchflutet sind. Eine Pointierung erfährt diese Wirkung zudem dadurch, dass die Handlung in den Winter-Sequenzen um die Weihnachtstage herum angesiedelt ist und somit durch Lichterketten, Kerzen und Strohsterne visuell die das *Fest der Liebe* begleitenden Assoziationen weckt.

Nun ist in diesen Aufnahmen bereits zu sehen, dass Link große Teile eines Bildes und oftmals auch ganze Bilder in einem einzelnen – angelehnt an das Hör-Thema – Farb*ton* erscheinen lässt. Die Schneelandschaft präsentiert sich in der Nacht in Blau, wodurch das Moment der Kälte akzentuiert wird. Da sehr viele Szenen am späten Abend spielen, zieht sich die Farbe auffällig prominent durch den gesamten Film: Vollkommen in Blau gehüllt sind zum Beispiel die Szenen, in denen die Figuren schlaflose Nächte haben, in denen sie sich streiten, sie alleine sind oder jemanden verlieren. Da Blau filmästhetisch unter anderem als Farbe der Erinnerung, Melancholie und Trauer gilt,[20] wird hier an vorherrschende Farbsymboliken angeknüpft, um die Botschaft oder die Atmosphäre zu *untermalen*.[21] Weniger offensichtlich ist, dass uns in JENSEITS DER STILLE auch ganze Bilder in Grün begegnen. Flüchtig betrachtet, messen wir dem Grün keine außerordentliche Bedeutung zu, weil es sich uns in der Natur, durch Wiesen und Wälder, alltäglich in Breite darbietet.[22] Dennoch entfaltet es im Film seine Wirkung, und die ist meistens, wie auch hier, eine beruhigende und hoffnungsvolle. Die Leinwand erstrahlt in Grün, als Laras sehnlichster Wunsch, dass die Mutter Fahrradfahren lernt, wahr wird, als sie auf ihre erste große Liebe trifft und sich diese Beziehung nach einer längeren Trennung fortsetzt.[23] Grün bildet also den Hintergrund für eine Idylle.

Sehr viel aufdringlicher ist die in der Mitte, im Herzen des Films platzierte Sequenz in Rot. Als Lara zu ihrer Tante nach Berlin fährt, um für das Konservatorium zu üben, verbringt sie ihren ersten Abend in einer

Bar, wo sie direkt dazu aufgefordert wird, auf die Bühne zu kommen und ein Lied auf der Klarinette vorzuspielen – ein Moment, der symbolisch für Laras Entwicklung zur Frau, für ein eigenständiges Leben, das Erblühen und Erwachen steht. Dass der Raum vollständig rot ausgeleuchtet ist, verstärkt den Symbolcharakter, denn »Rot ist Leben, Energie, Potenz, Macht, Liebe, Wärme, Kraft. Rot macht high«.[24] Und genau das ist Lara anzusehen, wenn ihre Bewegungen mit der Zeit immer freier werden. Sie ist eine junge Erwachsene, fernab von ihren Eltern, in einer Großstadt, die ihr die Chance zur Erfüllung ihres Lebenstraumes bietet.[25] Indem der Film folglich stark mit Einzelfarbtönen arbeitet, kennzeichnet sich die visuelle Ebene durch die in der Musik klassische (und auch im Soundtrack von JENSEITS DER STILLE eingesetzte) variierte Wiederholung.[26]

Diese buchstäbliche Eintönigkeit ist besonders im Kontrast zu den *Farbkompositionen* spannend, die in JENSEITS DER STILLE einerseits durch bunte Dinge im Bild figürlich auftreten und sich andererseits auch zu abstrakten Farbverläufen entwickeln.[27] Gerade die Wechselwirkung zwischen der gegenständlichen Handlung und den intensiven Farbmischungen regt die Rezipienten dazu an, die Geschichte »gewissermaßen aus einer anderen ›psychologisch tieferen‹ Sicht wahrzunehmen«.[28] Bei dem ersten Flashback wird Martin zum Beispiel durch das Zünden eines Streichholzes aus der Erinnerung gerissen. Für ihn aber ist es natürlich nicht der auf der Tonspur vordergründige Sound – das Kratzen, das innerhalb eines Sekundenbruchteils in Zischen übergeht –, der seine Aufmerksamkeit auf sich zieht; es sind die durch das Licht hervorgerufenen

Abstrakte Farbverläufe

Farbpegel und -verläufe, die er unscharf aus dem Augenwinkel wahrnimmt. So kommt es in diesem bewegten Bild, das gleichsam ein Close-up sowohl in Bezug auf das Geräusch wie auf die Farben und Formen darstellt, zu einer der prägnantesten, den Film kennzeichnenden Engführungen von Hören und Sehen. Bezeichnend ist, dass es zu diesen starken Engführungen zumeist im Kontext von Konzerten kommt. Hier war es Clarissas Auftritt; später erleben wir Ähnliches, als Lara das erste Mal auf der Schulbühne steht. Dort fokussiert die Kamera Lara zunächst vor einem blauen Hintergrund und geht dann in eine Drehung, wobei die Umgebung verschwimmt und sich als reines Farbenspiel aus warmen bunten Lichtpegeln präsentiert. Als letztes Beispiel sei zudem die Szene angeführt, in der Lara ein Konzert besucht, das primär von pink-, gelb- und grünfarbenem Licht begleitet wird.

Eintauchen in Musik heißt Eintauchen in Farbe – und zwar oft mittels »kreisende(r) Bewegungen in Melodik und Kameraschwenk«.[29] »Das ist«, wie Béla Balázs es überaus passend formuliert, »eine Farbenballade, die uns nur der Film, der Farbenfilm, wiedergeben kann. (...) Der Farbenfilm, der einmal mit seinen Großaufnahmen auch die feinste Farbenbewegung verfolgen wird, wird uns eine neue Welt entdecken, von der wir heute noch nicht wissen, daß wir sie in der Wirklichkeit alle Tage sehen.«[30] Balázs spricht damit eine Sensibilisierung erst einmal des Blicks an; Link erweitert dies durch die inszenatorische Verknüpfung mit dem Klang. Eine Schlüsselfunktion in dieser Hinsicht kommt der Szene zu, in der Lara sich ein Bild vom »Meister der Farbe«,[31] von Marc Chagall ansieht. Die Leinwand wird (wieder) von den Farben Blau und Rot dominiert, die auch jeweils an den Körpern der Figuren auszumachen sind und hier und da ineinander übergehen bzw. sich ineinander aufnehmen. Während Lara sich kontemplativ in das Kunstwerk versenkt, kommt ein Musiker auf sie zu und fragt: »Listen the song of the picture – can you hear it? It's a great artist – Chagall. You know that el mundo is music. You want to know the truth of music?« Als sie emphatisch »Yes, I want to learn it« ausruft, entgegnet er: »You don't need it. You have it inside. Listen to the song inside.« Damit schlägt der Film vor dem Hintergrund eines Bildes, bei dem es unmissverständlich um einen Bund, um die Vereinigung geht, nun explizit die Brücke zwischen Klängen und Farben, Bildern und Melodien. Doch bleibt das nicht die einzige Brücke: Wie Chagall, dessen Gesamtwerk dafür bekannt ist, anstatt auf Techniken traditioneller Malerei auf einem assoziativen Spiel mit Emotionen zu beruhen,[32] zielen auch Links bewegte Bilder zudem auf das Fühlen ab.

III. Fühlen

Dass das Fühlen einen weiteren Schwerpunkt bildet, zeigt sich zunächst an dem häufigen Gebrauch von Großaufnahmen: Balázs nennt sie die »Lupe des Kinematographs« und schreibt, dass sie uns »die einzelnen Zellen des Lebensgewebes nahe(bringt), (...) uns wieder Stoff und Substanz des konkreten Lebens fühlen (läßt)«.[33] Sie erreicht das, indem sie den Blick lenkt und somit auf Dinge aufmerksam macht, die sich in der alltäglichen Perspektive jenseits der Wahrnehmung befinden. Wie nah man mit dem Fühlen auch am Hören ist, wird durch ein weiteres Zitat Balázs' deutlich: »Du hast dieses Leben so betrachtet, wie ein schlechter Musiker ein Orchesterstück hört. Er hört nur eine führende Melodie, und das andere verschwimmt in einem allgemeinen Rauschen. Der gute Film wird dich aber durch seine Großaufnahmen lehren, die Partitur des vielstimmigen Lebens zu lesen, die einzelnen Lebensstimmen aller Dinge zu merken, aus denen sich die große Symphonie zusammensetzt.«[34] Link betont diesen Zusammenhang, indem sie die Großaufnahmen hauptsächlich für Mienenspiel und Gebärden und damit die für die Sprache der Gehörlosen konstitutiven Mittel nutzt. So zeigen sich im Close-up Gesichter und Hände, wobei die Farben im Hintergrund verschwimmen und das Fokussierte von der Umgebung isolieren. Insgesamt sei der Gesichtsausdruck »überhaupt polyphoner als die Sprache«:[35] »Das Nacheinander der Worte ist wie das Nacheinander der Töne einer Melodie. Doch in einem Gesicht können die verschiedensten Dinge *gleichzeitig* erscheinen wie in einem Akkord, und das Verhältnis dieser verschiedenen Züge zueinander ergibt die reichsten Harmonien und Modulationen. Das sind die Gefühlsakkorde, deren Wesen eben in der Gleichzeitigkeit besteht.«[36]

Das Motiv der Hand steht für das Fühlen von Berührung, für den Tastsinn. In der Großaufnahme sehen wir im Film mehrfach, wie eine Hand eine andere anfasst oder die Hände einer Person das Gesicht einer anderen umschließen. In diesen Bildern offenbart sich, wie Hände kommunizieren, wie sie nehmen und geben. Wenn das Mädchen, das neugierig eine Unterhaltung zwischen Lara und ihrem Vater beobachtet, Martins Hand berührt, dann greift sie gewissermaßen danach, um die Gebärdensprache zu *begreifen*. Eine Ausweitung von der Hand auf den gesamten Körper findet in der Szene statt, in der Tom seinen gehörlosen Schülern beibringt, Musik zu *hören*, indem sie sich in voller Länge auf den Boden legen und sich mit geschlossenen Augen auf die Vibration konzentrieren. Explizit angesprochen wird das Taktile unmittelbar, nachdem Lara und Tom miteinander geschlafen haben, nachdem das Gefühl wie-

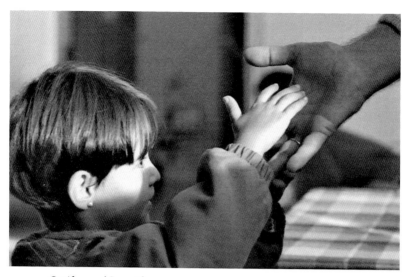

Greifen und Begreifen

derum durch Aufnahmen von den Gesichtern mit geschlossenen Augen sowie von den Berührungspunkten der Körper, der dieses Mal nackten Haut, dem größten Sinnesorgan überhaupt, prominent ins Bild gerückt wurde. Eine Biene regt Tom dazu an, über ihren außergewöhnlichen Tastsinn zu sprechen, mithilfe dessen sie Geräusche wahrnimmt. Tatsächlich sind Bienen taub, können aber feinste Schwingungen des Untergrunds, ja sogar luftgetragenen Schall erspüren und somit Töne fühlen.[37] Sie sind das ideale Sinnbild für dieses Filmthema. Die stärkste Verschmelzung der Ausdrucks- und Empfindungsmöglichkeiten des Körpers ergibt sich in der Inszenierung von Laras und Toms erstem gemeinsamen Abend: Das Publikum wohnt dabei zunächst einem Schattenspiel vor einer mit Graffiti versehenen Mauer bei, in dem das zuvor Gesagte zu Laras Melancholie nun pantomimisch dargestellt wird. Tom erscheint übergroß und bringt die kleine Lara zum Hüpfen; er muntert bzw. richtet sie auf. Danach rennen sie auf einen Hof, auf dem Gloria Gaynors *I Will Survive* erklingt. Zu dem Impuls mitzusingen kommt bei Tom jener mitzugebärden und auch zu tanzen, wodurch sich eine zugleich gefühl- und kraftvolle Synthese aus diversen physischen Ausdrucksmöglichkeiten ergibt, die, untermalt durch die Musik und die bunten Lichter auf dem Terrain, auch die drei Kategorien Hören, Sehen und Fühlen miteinander vereint. Tom – so suggerieren die Bilder – spricht auf jeder Ebene Laras Sprache; er versteht sie wie keine andere Figur im Film.

IV. Verstehen

Tatsächlich scheint die Wahrnehmung über die Sinne konstituierend für das Verstehen zu sein. In JENSEITS DER STILLE zumindest münden Hören, Sehen und Fühlen in Verstehen, das auch für die Regisseurin im Mittelpunkt des Films steht: »Ich hatte die Idee, eine Geschichte über einen Vater-Tochter-Konflikt zu erzählen: eine sehr innige Beziehung. Es sollte um Kommunikation, das Ablösen von einem starken, protektiven Elternhaus gehen. (...) Das Thema ›Gehörlosigkeit‹ entdeckte ich in einer Zeitungsnotiz. Es diente dazu, meinen Konflikt zu dramatisieren.«[38] Damit unterstreicht Link eine oftmals an den Film herangetragene Lesart, nämlich dass Krankheiten oder Behinderungen im Kino (nichts anderes als) Metaphern seien.[39] Was in der Realität behindere und schmerze, erweise sich für den Fortgang einer Geschichte häufig als produktiv, förderlich, manchmal unverzichtbar.[40] Begründet hat den Metaphernverdacht in Bezug auf Krankheiten Susan Sontag, die mit ihrem einschlägigen Essay *Krankheit als Metapher* (1977) anzeigt, dass »Krankheit *keine* Metapher ist und daß die ehrlichste Weise, sich mit ihr auseinanderzusetzen, darin besteht, sich so weit wie möglich von metaphorischem Denken zu lösen«.[41] Sie trat geradezu leidenschaftlich für die Aufklärung und Emanzipation von Metaphern ein. Interessanterweise revidiert sie ihre Meinung in dem Essay *Aids und seine Metaphern* (1988), wenn sie erkennt, dass Denken und Kommunikation grundsätzlich über Bilder funktionieren, eine *Ausrottung* jeglichen metaphorischen Sprechens über Krankheit also gegen unser Wesen gehe.[42] Dennoch sollen Metaphern aufgedeckt, ausgeleuchtet und im Falle einer Schieflage oder Schädlichkeit, einer Stigmatisierung ausgelöscht werden.[43]

Die Frage, inwiefern JENSEITS DER STILLE Behinderung als Metapher gebraucht, lässt sich abgesehen von dem Statement der Regisseurin nicht eindeutig beantworten. Sicherlich wird durch die Behinderung der Eltern der Abnabelungsprozess der Tochter zugespitzt: Zum einen ist die Figur des Vaters durch die Gehörlosigkeit nicht imstande, seine heranwachsende Tochter im wörtlichen Sinne zu *verstehen*; zum anderen kann die junge Frau durch ihre Hörfähigkeit in außerordentlichem Maße selbstständig und emanzipiert agieren.[44] Besonders wirksam erscheint die Metapher deshalb, weil taube im Gegensatz zum Beispiel zu blinden Menschen eine ganz andere, wie Georg Simmel es nennt, »soziologische Stimmung«[45] haben: Für den Blinden erschließe sich der andere hauptsächlich über seine Äußerungen, die dieser in zeitlicher Abfolge von sich gibt. Der Taube aber sieht den anderen, sieht sein Gesicht, auf dem sich sein gesamtes Leben in Spuren abgezeichnet hat. »Gerade die Vielheit dessen, was ein Gesicht offenbaren *kann*, macht es oft rätselhaft; im Allgemeinen wird das, was wir von einem Menschen *sehn*, durch das interpretiert, was wir von ihm *hören* (…). Deshalb ist der, der sieht, ohne zu hören, sehr viel verworrener, ratloser, beunruhigter, als der, der hört, ohne zu sehn.«[46] Mit anderen Worten: Da der Gehörlose in einem Moment ungleich mehr Informationen aufnimmt als der Blinde, kann ihm das Verstehen des Gegenübers vergleichsweise schwerer fallen. Die Beunruhigung Martins über die Entwicklung seiner Tochter lässt sich also durch die Taubheit eindrucksvoll im Bild einfangen. Gegen einen Metapherngebrauch allerdings spricht, dass Link den Alltag gehörloser Menschen sehr detailreich und realitätsnah darstellt und vor allem am Ende keine Lösung, kein reines Happy Ending inszeniert, sondern die bestehende Problematik durch den Satz Martins »ich werde *versuchen*, sie zu verstehen (Herv. J. E.)« weiterhin betont. Somit kann mit Sontag allenfalls von einer Dramatisierung, nicht aber von einer Mystifizierung oder gar Stigmatisierung die Rede sein. In JENSEITS DER STILLE genießen beide Staatsbürgerschaften gleiches (Bild-)Recht.

---

1 Im Jahr 1997 gewann der Film beim Deutschen Filmpreis in den Kategorien »Beste Hauptdarstellerin« (Sylvie Testud) und »Beste Filmmusik«; auch erhielt er das Filmband in Silber. Zudem wurde er mit dem Gilde-Filmpreis in Gold ausgezeichnet sowie mit dem Bayerischen Filmpreis in den Kategorien »Beste Nachwuchsregie« und »Beste Filmmusik«. »Als kurz vor Weihnachten (…) der kleine Debütfilm JENSEITS DER STILLE Premiere hatte, ahnte niemand, daß ein Jahr später die Regisseurin Caroline Link (…) der Oscar-Verleihung beiwohnen würd(e). (…) Es ist selten, daß ein Debütfilm solche Aufmerksamkeit erregt.« Oliver Schütte, *Die Kunst des Drehbuchlesens*, 3. Aufl., Bergisch Gladbach 2003, S. 189. — **2** Nina Kaiser, »Aneinander scheitern und wachsen. Familienbilder in den Filmen Caroline Links«, in: *Stimmen der Gegenwart. Beiträge zu Literatur, Film und Theater seit den 1990er Jahren*, hg. von Corinna Schlicht, Oberhausen 2011, S. 49–71, hier S. 55. — **3** Caroline Link (im Interview mit Stefan Heiner), »Normal gehörlos: Gespräch mit Caroline Link«, in: *Bildstörungen. Kranke und Behinderte im Spielfilm*, hg. von Stefan Heiner und Enzo Gruber, Frankfurt am Main 2003, S. 171–175, hier S. 171. — **4** Vgl. die Thesen zur Inversion bei Henri Bergson, *Das Lachen* (1900), Meisenheim am Glan 1948, S. 54 f. — **5** Es handelt sich hier um die Umkehrung des Satzes: »Non vitae, sed scolae discimus« bzw. »Nicht für das Leben, sondern für die Schule lernen wir.« Kaiser, »Aneinander scheitern und wachsen« (s. Anm. 2), S. 57. — **6** Vgl. ebd. — **7** Deike van Goor, »Gehörlos – hilflos, sprachlos? Meinungsbildung durch die Kamerastrategie in Filmen mit Gehörlosen«, in: *Bildstörungen. Kranke und Behinderte im Spielfilm*, hg. von Stefan Heiner und Enzo Gruber, Frankfurt am Main 2003, S. 141–151, hier S. 148. Vgl. ferner John S. Schuchman, *Hollywood Speaks. Deafness and the Film Entertainment Industry*, Urbana 1999. — **8** Vgl. van Goor, »Gehörlos – hilflos, sprachlos?« (s. Anm. 7), S. 148. — **9** Letzteres war auch deshalb unerlässlich, weil die Schauspieler aus anderen Ländern kamen – Emmanuelle Laborit aus Frankreich, Howie Seago aus den USA – und somit die deutsche Gebärdensprache nicht von Beginn an beherrschten. Vgl. zu der Arbeit mit den Gehörlosen Link, »Normal gehörlos« (s. Anm. 3). — **10** Vgl. van Goor, »Gehörlos – hilflos, sprachlos?« (s. Anm. 7), S. 144. — **11** Vgl. ebd., S. 144–149. — **12** Susan Sontag, *Krankheit als Metapher* (1977), in: Dies., *Krankheit als Metapher. Aids und seine*

Metaphern, Frankfurt am Main 2012, S. 5–74, hier S. 9. Natürlich soll hier nicht über die Unterschiede zwischen Krankheit und Behinderung hinweggetäuscht werden. Dass Sontags Thesen sich aber durchaus als fruchtbar für die Betrachtung von Behinderung erweisen, zeigt die Nähe der von ihr ins Feld geführten schweren Krankheiten Krebs und Aids zu Behinderung, die laut § 2 Absatz 1 des Sozialgesetzbuches (Neuntes Buch) wie folgt definiert wird: »Menschen sind behindert, wenn ihre körperliche Funktion, geistige Fähigkeit oder seelische Gesundheit mit hoher Wahrscheinlichkeit länger als sechs Monate von dem für das Lebensalter typischen Zustand abweichen und daher ihre Teilhabe am Leben in der Gesellschaft beeinträchtigt ist.« http://www.sozialgesetzbuch-sgb.de/sgbix/2.html (letzter Zugriff am 24.11.2015). Sontag zeigt mit ihrem Begriff der zwei Staatsbürgerschaften genau wie Link mit ihrer Inszenierung der zwei Welten auf, dass es noch etwas neben dem »Leben in der (einen, J. E.) Gesellschaft« gibt. — **13** Die Verbindung zwischen Clarissa, Lara und der Klarinette drückt sich bereits in der Ähnlichkeit der Namen der Figuren und des Instruments aus. Da Weihnachten sinnbildlich für *die frohe Botschaft* und *ein neues Leben* steht, ist es nicht verwunderlich, dass Clarissa Lara ihre alte Klarinette an diesem Tag schenkt: Sie steht symbolisch für Laras Ausbruch aus der Welt ihrer gehörlosen Eltern bzw. ihren Aufbruch in die neue Welt der Musik. Vgl. dazu Gregor Pongratz/Birgitta Soultanian, »Zum Kunstfilm Jenseits der Stille von Caroline Link«, in: *Musik – ›funktional und szenisch‹. Kunstfilm und Filmmusik, Performance, ästhetisches Bilden mit Filmen*, hg. von Gregor Pongratz und Christoph Khittl, Essen 2003, S. 65–79, hier S. 67 f. — **14** Michel Chion, *Audio-Vision. Ton und Bild im Kino*, Berlin 2012, S. 54. — **15** Vgl. ebd. Passenderweise lautete der Arbeitstitel für Jenseits der Stille »Klang der Stille«. Vgl. Markus Münch, *Drehort Berlin. Wo berühmte Filme entstanden*, Berlin 2007, S. 112. — **16** Lisa Gotto, *Traum und Trauma in Schwarz-Weiß. Ethnische Grenzgänge im amerikanischen Film*, Konstanz 2006, S. 301. — **17** Auf eine Beziehung zwischen Hören und Sehen weisen bereits die Begrifflichkeiten Farbton, Klangfarbe oder Farbkomposition hin. Vgl. dazu Christine N. Brinckmann, »Dramaturgische Farbakkorde«, in: Dies., *Farbe, Licht, Empathie. Schriften zum Film 2*, Marburg 2014, S. 46–73, hier S. 47. Weiter schreibt sie: »Analogien und Metaphern gehen in beide Richtungen, die Kunst borgt Begriffe der Musik, die Musik Begriffe aus der Kunst, um Phänomene zu benennen, die anders keinen Namen haben.« Ebd. — **18** Vgl. Susanne Marschall, *Farbe im Kino*, 2. Aufl., Marburg 2009, S. 100 f., oder auch Gotto, *Traum und Trauma in Schwarz-Weiß* (s. Anm. 16), S. 299. — **19** Marschall, *Farbe im Kino* (s. Anm. 18), S. 101. — **20** Vgl. ebd., S. 61. — **21** Blau ist aber auch im Zusammenhang mit dem See, in dem Lara und Clarissa schwimmen, und dem Wasserfall, an dem Lara und ihr Freund Tom vorbeispazieren, zu sehen. Damit steht die Farbe im Zusammenhang mit dem fließenden Element des Wassers, das keine eigene Körperfarbe aufweist, aber in großen Mengen bei einer bestimmten Lichtbrechung blau erscheint. Als »Urgrund allen Lebens« (ebd., S. 62) verweist das Wasser, verweist das nasse Blau folglich auf den natürlichen Kreislauf und Fortgang der Dinge. — **22** Vgl. ebd., S. 80. — **23** Da die Mutter später bei einem Fahrradunfall ums Leben kommt, scheint Link auch mit der konventionellen filmischen Farbgestaltung zu spielen, den Zuschauer vielleicht gar hinters Licht zu führen. Allerdings erfährt Lara vom Tod ihrer Mutter wieder in der Nacht – in einem blau ausgeleuchteten Raum; das heißt, erlangt das Farbkonzept an einer Stelle zwar eine Art Brüchigkeit, so wird es an anderer Stelle mit Nachdruck wieder hergestellt. — **24** Marschall, *Farbe im Kino* (s. Anm. 18), S. 44. — **25** Dieses Thema ließe sich auch im Detail noch sehr viel weiter spinnen, trägt Lara doch schon als Kind oft rote Kleidung, sind doch das Auffälligste an ihrer Tante die langen roten Haare usw. — **26** Vgl. dazu auch Pongratz/Soultanian, »Zum Kunstfilm Jenseits der Stille von Caroline Link« (s. Anm. 13), S. 77. — **27** Nach Pongratz und Soultanian erinnern die abstrakten Formen an Gemälde Kandinskys und Klees, an »punkt- und linienförmige Gebilde, die zueinander in bestimmten bildnerischen Spannungsverhältnissen stehen. Dadurch entsteht entsprechend den ästhetischen Prozesskriteriums ein interaktives Moment zwischen filmischer Darstellung und Rezipient.« Ebd., S. 73 f. — **28** Ebd., S. 75. — **29** Ebd., S. 77. — **30** Béla Balázs, *Der Geist des Films* (1930), Frankfurt am Main 2001, S. 108 f. — **31** Thomas Klatt, »Bedrückter Kommentator der Weltgeschichte«, in: *Deutschlandradio Kultur*, 27.3.2015, http://www.deutschlandradiokultur.de/zum-30-todestag-von-marc-chagall-bedrueckter-kommentator.1079.de.html?dram:article_id=315511 (letzter Zugriff am 23.9.2015). — **32** Vgl. zum Beispiel den Eintrag zu Marc Chagall auf *bio.*: http://www.biography.com/people/marc-chagall-9243488 (letzter Zugriff am 23.9.2015). — **33** Béla Balázs, *Der sichtbare Mensch* (1924), Frankfurt am Main 2001, S. 49. — **34** Ebd., S. 49 f. — **35** Ebd., S. 45. — **36** Ebd. — **37** Vgl. Karl Weiß, *Bienen und Bienenvölker*, München 1997, S. 109. — **38** Caroline Link (im Interview mit

Ulrich Hermann), »Im Strom meiner Geschichte. Im Gespräch mit Caroline Link«, in: *Stoff. Von der Idee zum Drehbuch*, hg. von Ulrich Herrmann, Frankfurt am Main 2005, S. 148–162, hier S. 149. — **39** Vgl. Georg Seeßlen, »Freaks & Heroes. Wie die Traummaschine Kino Krankheit und Behinderung in unsere Wahrnehmung einschreibt«, in: *Bildstörungen. Kranke und Behinderte im Spielfilm*, hg. von Stefan Heiner und Enzo Gruber, Frankfurt am Main 2003, S. 31–40, hier S. 32. Vgl. auch Petra-Andelka Anders, *Behinderung und psychische Krankheit im zeitgenössischen deutschen Spielfilm. Eine vergleichende Filmanalyse*, Würzburg 2014, S. 65–71. — **40** Der Begriff der Metapher ist auf Aristoteles zurückzuführen, der sie als »die Übertragung eines Wortes (das somit in uneigentlicher Bedeutung verwendet wird)« fasst. Aristoteles, *Poetik*, Stuttgart 1992, S. 67. Dieses Wort ist zumeist ein bildhafteres als das abstrakte, schwer begreifliche, für das es eingesetzt wird. Da es im Film statt um Worte um (bewegte) Bilder geht, die darstellen, was Worte nur beschreiben, ist es streng genommen nicht unproblematisch, die Definition zu übernehmen; die Anwendung des Metaphernbegriffs in diesem Kontext trägt jedoch dem Umstand Rechnung, dass der Film eine eigene Sprache hat und bedeutungsvolle Bilder produziert. Vgl. auch Stefan Heiner, »Einleitung«, in: *Bildstörungen. Kranke und Behinderte im Spielfilm*, hg. von Stefan Heiner und Enzo Gruber, Frankfurt am Main 2003, S. 11–27, hier S. 11 und S. 25. — **41** Sontag, *Krankheit als Metapher* (s. Anm. 12), S. 9. — **42** Vgl. Susan Sontag, *Aids und seine Metaphern*, in: Dies., *Krankheit als Metapher. Aids und seine Metaphern*, Frankfurt am Main 2012, S. 75–149, hier S. 79. — **43** Vgl. ebd., S. 149. — **44** Für diese zweite Lesart möchte ich Claudia Lillge danken. — **45** Georg Simmel, »Soziologie der Sinne« (1907), in: Ders., *Individualismus der modernen Zeit und andere soziologische Abhandlungen*, Frankfurt am Main 2008, S. 275–289, hier S. 281. — **46** Ebd.

Susanne Kaul

Poetische Gerechtigkeit und Komik in Caroline Links Pünktchen und Anton

Erich Kästners 1931 erschienener Roman *Pünktchen und Anton* ist bereits auf vielfältige Weise adaptiert worden: Neben Verfilmungen, Bühnen- und Hörspielfassungen, einem Comic und einer Kinderoper gibt es auch ein Musical, das unter der Regie von Lajos Wenzel im September 2014 am Jungen Theater Bonn Premiere feierte.[1] Seine Handlung konzentriert sich auf die Freundschaft der beiden Kinder vor dem Hintergrund der sozialen Ungleichheit und bringt den Gegensatz zwischen Antons ärmlichen Verhältnissen und Pünktchens reichen Eltern visuell auf die Bühne. Im Unterschied zu Caroline Links Verfilmung von 1999 ist Kästners Berlin mit seinen sozialen Gegensätzen in dem Musical sehr präsent. Die Weidendammer Brücke füllt die Bühne aus. Es gibt ein wiederkehrendes Lied über die »Lichter von Berlin«, zu dem sich die Darsteller in einer Choreografie bewegen, die das Glänzende und Pulsierende der Metropole profiliert und mit der Armut kontrastiert, welche vor allem durch Anton repräsentiert wird, dessen Zuhause räumlich an die drehbare Brücke angegliedert ist.

Link hingegen versetzt die Handlung ins München der 1990er Jahre und enthebt sie damit des politischen Kontextes der Weltwirtschaftskrise im Berlin der Weimarer Republik. Volker Ludwigs Bühnenfassung von 2011 am Berliner Grips-Theater überträgt die Handlung zwar auch in die Gegenwart, setzt jedoch einen politischen Schwerpunkt, indem sie Anton und seine Mutter zu illegalen Einwanderern transformiert. Eine Bezugnahme auf konkrete politische Konflikte findet sich bei Link nicht, womit sie den abstrakten moralischen Gestus von Kästners Text verstärkt. Darüber hinaus gestaltet sie die Charaktere differenzierter und gibt ein realistischeres Bild der sozialen Ungleichheiten und der verschiedenen Familienverhältnisse. Dergestalt moduliert sie einen Aspekt von Kästners Text, der vielfach kritisiert worden ist – beispielsweise von Ruth Klüger, die die Moral des Autors als einseitig, nicht durchdacht und sentimental rügt.[2]

Setzt Link Kästners *Pünktchen und Anton* in dieser Hinsicht moralisch zeitgemäßer und reflektierter in Szene, so geschieht dies, wie zu zeigen sein wird, auf Kosten der Komik, die bei Kästner vielfach von plakativen Vereinseitigungen und Verharmlosungen lebt. Auch die fantastische poetische Gerechtigkeit der Gesamtkonstruktion von Kästners Roman wird zugunsten eines Realismus relativiert, der das Kindermädchen verschont und die Familienfusion, wie bereits in Thomas Engels Verfilmung von 1953, auf gemeinsame Ferien reduziert.[3] Allein die Epilogszene mit dem fliegenden Geldschein verweist auf ein Wissen um den Humor, den die poetische Gerechtigkeit Kästners birgt. Das Gesagte in Rechnung gestellt, ist folglich insbesondere zu fragen, wie uns Links Film die Familienverhältnisse der beiden Kinder vor dem Hintergrund der sozialen Gegensätze präsentiert und welche Auswirkungen sein diesbezüglicher Zugriff auf das Verhältnis von Komik und Moral im Vergleich zu Kästners Roman hat.

I. Moral und Komik in Kästners *Pünktchen und Anton*

Die moralischen Stützpunkte von *Pünktchen und Anton* sind die vom Autor selbst als solche bezeichneten »Nachdenkereien«, die jedes Kapitel des Romans ergänzen. Sie tauchen in keinem der anderen Kästner-Werke auf. Was es aber durchaus in den anderen Kinderbüchern, *Emil* beispielsweise, gibt, sind Erzählerkommentare und Vorbemerkungen, in denen sich Kästner als Autor an seine Leser wendet. Somit kommt es bei ihm zu einer Mischung aus Geschichte und Reflexion, die unter anderem an Michel de Montaignes *Essais* erinnert, nicht zuletzt, weil manche Gedanken auch inhaltlich auf der Linie Montaignes liegen – etwa, wenn Kästner in der Einleitung zu *Pünktchen und Anton* erklärt, er habe eine Zeitungsnotiz gelesen, »Hokuspokus« gemurmelt, und dann sei ein Buch daraus geworden,[4] woraus er folgert, dass es egal sei, ob die Geschichte wirklich passiert ist oder nicht: »Hauptsache, dass die Geschichte wahr ist! Wahr ist eine Geschichte dann, wenn sie genau so, wie sie berichtet wird, wirklich hätte passieren können.«[5] In Montaignes Essay über die Macht der Fantasie heißt es: »Bei meinen Untersuchungen unserer Beweggründe und Verhaltensweisen sind mir jedenfalls die erdichteten Zeugnisse, soweit sie möglich scheinen, ebenso dienlich wie die wahren. Geschehen oder nicht, in Paris oder Rom, dem Hinz oder Kunz – stets zeigen sie mir, wozu Menschen fähig sind.«[6] Diese aristotelische Lehre wird bei Kästner wie bei Montaigne dazu benutzt, amüsante Geschichten mit moralischen Reflexionen zu verbinden. Insofern liegt Kästners Komik entfernt auf der Traditionslinie der französischen Moralistik, nur dass bei ihm das Gewicht nicht auf den Reflexionen, sondern den Geschichten liegt. In einer Nachdenkerei, die »Von der Phantasie« betitelt ist, erzählt Kästner von einem Mann, der träumte, er spränge aus dem Fenster: »Und da wachte er auf und lag doch tatsächlich auf der Straße! Nun wohnte er glücklicherweise im Parterre.« Aus dieser Begebenheit zieht Kästner die über Komik vermittelte Lehre, dass die Fantasie »eine wunderbare Eigenschaft«[7] sei, wenn man sie im Zaum halten könne. Viele der Nachdenkereien sind aber auch auf witzlose Weise moralisch-pädagogisch, sodass man geradezu erleichtert ist, wenn mittendrin eine von ihnen mit dem Satz beginnt: »Gottfried Klepperbein ist ein Schweinehund.«[8] Ausgerechnet diese gelungene Wendung hat dann aber wiederum bei einigen Kästner-Forschern Empörung hervorgerufen, weil sie mit dem aufklärerischen Idealismus des Autors nicht vereinbar sei.[9]

Hinsichtlich der Komik ist an Kästner mehrfach kritisiert worden, dass er die kindliche Rezeptionshaltung verfehle, da Kinder, so wird behauptet, keine Ironie verstünden.[10] Entsprechend entginge ihnen die Komik von Stellen wie jener, in der der Erzähler Pünktchens immerzu an Migräne leidende Mutter verspottet, indem er erklärt: »Migräne sind Kopfschmerzen, auch wenn man gar keine hat.«[11] Kästners komische Stellen sind manchmal ironisch und manchmal an der Grenze zum Schwarzen Humor, so etwa, wenn Pünktchen die Tapete im 3.000-Mark-Wohnzimmer der Pogges um Streichhölzer anbettelt[12] oder wenn Anton vom Gewächs im Bauch seiner schwer kranken Mutter erzählt und ihn Pünktchen daraufhin fragt, ob es sich dabei um eine Geranie oder Stechpalme handelt.[13]

Die Komik fußt bei Kästner einesteils auf verdrehten sprachlichen Formulierungen – man denke beispielsweise an Pünktchens Wortneuschöpfungen wie »verwahrlaust« und »Wärmometer«[14] und an Übertreibungen wie diese: »Die Wohnung bestand aus zehn Zimmern und war so groß, dass Pünktchen, wenn sie nach dem Essen ins Kinderzimmer zurückkam, meist schon wieder Hunger hatte.«[15] Anderenteils gründet Kästners Komik in einer Beschreibung der Handlung, die slapstickhafte Körperkomik, Situationskomik und lustige Figuren[16] und Begebenheiten herausarbeitet, die sich in andere Medien gut übersetzen lassen – etwa, wenn geschildert wird, wie Pünktchen sich mit der Morgenjacke ihres Vaters als Fahrkartenkontrolleur verkleidet, wie sie mit dem ahnungslosen Dackel Piefke als Wolf Rotkäppchen spielt oder wie die dicke Berta durch die Tür »kugelt«.[17]

Im Einzelnen liegen Komik und Moral bei Kästner keineswegs stets auf einer Linie, das heißt, die moralischen Lehren sind nicht immer über Komik vermittelt und die komischen Stellen enthalten nicht immer moralische Einsichten. Insgesamt sind seine Bücher, wie *Pünktchen und An-*

ton, jedoch witzig und moralisch zugleich. Wie in einer Komödie siegt die poetische Gerechtigkeit, mag das Happy Ending auch unrealistisch wirken. Die Gesamtkonstruktion ist also immerhin komödienhaft. Die komischen Stellen sind nicht explizit moralisierend, enthalten indes häufig Ironie und Spott und haben damit auf indirektere Weise moralischen Gehalt. Bettelt Pünktchen die teure Tapete an, so wird dadurch die soziale Ungleichheit ironisch in ein Bild gefasst, das erkennen lässt, wie naiv das Mädchen mit seinem Reichtum und Antons Armut umgeht. Hierbei birgt seine Naivität zugleich Gutes wie Schlechtes: Das Schlechte ist, dass Pünktchen nicht weiß, was es heißt, arm zu sein. Das Gute ist, dass sie keine Vorbehalte Anton gegenüber hat und ihn aufgrund seiner sozialen Stellung nicht diskriminiert.

II. Heitere Sozialkritik in Links Pünktchen und Anton

Auf das Bettelmotiv verzichtet Link insofern, als sie es durch einen Straßenmusikauftritt ersetzt und Anton (Max Felder), wie dies bereits in Engels Verfilmung der Fall war, in einer Eisdiele jobben lässt. Das Fehlen der komisch-moralischen Pointe des Tapetenanbettelns ist repräsentativ für den Unterschied zwischen dem Roman und Links Film, beleuchtet Letzterer den Unterschied zwischen Arm und Reich doch auf dezentere Weise. Gleich zu Beginn wird das sorglose gemeinsame Trampolinspringen kontrastiert mit Antons Verpflichtung, zum Aushelfen in die Eisdiele zu fahren. Nebenbei sind auch seine kaputten Schuhe ein Thema. Pünktchen (Elea Geissler) wird uns demgegenüber jedoch nicht als feine kleine Dame in teurer Kleidung präsentiert. Sie erinnert in ihrem Hosenanzug und mit ihrer frechen Klappe eher an Pippi Langstrumpf, was durch ihren späteren Musikauftritt in zerrissenen Strumpfhosen und Stiefeln noch zusätzlich profiliert wird. Die Protagonistin ist weniger eine komische als eine fröhliche Figur. Komik kommt eher durch einzelne Witzeleien auf – erinnert sei in diesem Zusammenhang etwa an Pünktchens wiederholt herausgestellte Schwierigkeit, das Wort »Bronchien« auszusprechen.

Die beiden Familien werden aus den Perspektiven der Kinder einander gegenübergestellt, mit dem Ziel, die liebevolle Mutter-Sohn-Beziehung im Rahmen der ärmlichen Verhältnisse mit dem reichen Elternhaus zu vergleichen, in dem es viel Luxus, viele Gäste und einige Angestellte, indes kein Familienleben gibt. Anton kann wegen seiner Arbeit die Schule nicht bewältigen und sorgt sich um die Gesundheit seiner Mutter

(Meret Becker), die sich finanziell keinen Erholungsurlaub leisten kann. Gegenüber der literarischen Vorlage gestaltet Link den Charakter der Mutter sowie Antons Beziehung zu ihr wesentlich vielschichtiger, unter anderem, indem sie an die Stelle der sentimentalen Geburtstagsepisode bei Kästner einen Feuerzeugdiebstahl treten lässt. Antons Schuld besteht nun nicht mehr darin, den Geburtstag der Mutter vergessen zu haben, sondern darin, in Pünktchens Haus gestohlen zu haben. Damit charakterisiert Link Anton ambivalenter und lässt den Streit mit seiner Mutter begründeter erscheinen. Dieser aber ist nur die Kehrseite der engen emotionalen Beziehung zwischen Mutter und Sohn, wohingegen Pünktchens Eltern zumeist durch die Vernachlässigung ihrer Tochter glänzen. Pünktchen bekommt wiederholt gesagt, dass sie alles habe, was sie brauche, doch macht sie der Reichtum keineswegs glücklich. Sie sehnt sich nach ihrer Mutter (Juliane Köhler), die ständig in der weiten Welt unterwegs ist und Videogrüße schickt. Selbst als sie heimkommt, zeigt sie kein nennenswertes Interesse an ihrer Tochter, was unter anderem durch jene am Flughafen spielende Szene versinnbildlicht wird, in der ein Mädchen in die Arme seiner Mutter stürmt, während Pünktchen hinter den Eltern zurückbleibt. An einer Stelle sagt sie zu Anton: »Immerhin ist deine Mutter bei dir.« Der Spaß, den Anton mit seiner Mutter hat, obwohl sie krank ist, bildet also einen Kontrast zu Pünktchen, die sich, von ihren Eltern allein gelassen, ersatzweise mit der Köchin Berta (Gudrun Okras) und dem Aupairmädchen Laurence (Sylvie Testud) vergnügt.

Dass es sich hierbei auch um ein soziales Ungleichgewicht handelt, wird explizit gemacht, indem Pünktchen beispielsweise ihren Vater um 1.000 Mark bittet mit dem Hinweis darauf, dass er und ihre Mutter doch ein Herz für arme Leute hätten. In Pünktchens Elternhaus werden Kaviarbrote für 200 Mark das Stück verspeist, aber Geld für Antons Mutter scheint nicht übrig zu sein. Anton ist den Eltern gleichgültig, wodurch die Vernachlässigung der Tochter noch eine zusätzliche Bekräftigung erfährt. Pünktchen stellt die Scheinheiligkeit des sozialen Engagements der Eltern, besonders der Mutter, bloß, indem sie dieser vorhält, sie sei nur hilfsbereit, wenn Fotografen in der Nähe sind. Und als der geplante Familienurlaub wegen einer Missio-Party der Mutter platzt, wirft Pünktchen Letzterer vor, dass Kinder ihr vollkommen egal seien. In der nächsten Szene – auch sie dient der inhaltlichen Kontrastierung – spielt Pünktchen mit Anton und seiner Mutter Schattenspiele im Bett – eine Beschäftigung also, die kein Geld kostet und eine Vertrautheit zum Ausdruck bringt, die das Mädchen in seiner Familie so schmerzlich vermisst.

III. Komik der *Pünktchen und Anton*-Adaptionen im Vergleich

Damit wir darüber lachen können, wenn jemandem Gewalt angetan wird, muss es Aristoteles zufolge auf harmlos-komische Weise dargestellt werden. Außerdem hat es poetisch gerecht zuzugehen, das heißt, bei dem Getroffenen muss es sich um einen Schurken handeln, der die Gewalt verdient hat.[18] Er muss frei von unseren Sympathien sein, wie bereits Henri Bergson in seiner Studie *Das Lachen* geltend gemacht hat.[19] Link dämpft die Kästner'sche Komik dadurch, dass sie ihre Charaktere realistischer, differenzierter und sympathischer kreiert. Das betrifft vor allem Robert, Fräulein Andacht und Frau Pogge, die eher ambivalent als typenhaft böse oder lächerlich wie bei Kästner dargestellt werden. Andererseits verlagert Link die Kästner'sche Ironie in die Charakterisierung ihrer Figuren, wenn sie aus Herrn Pogge einen wichtigen Kardiologen und aus Frau Pogge eine Wohltätigkeitsaktivistin macht, um die Diskrepanz zwischen deren Selbstinszenierung als Helfer und der mangelnden elterlichen Fürsorge aufzuzeigen.[20]

»Robert der Teufel«[21] ist ein geldgieriger Gauner und bekommt am Ende seine verdiente Strafe: Damit entspricht die poetische Gerechtigkeit bei Kästner dem Gattungsschema der Komödie. Links Film hingegen ist weniger eine Komödie als ein Drama über eine Freundschaft mit sozialen und familiären Hindernissen, das dem Kinderfilmgenre entsprechend heiter gestaltet ist. Robert wird hier zum Kellner Carlos (Benno Fürmann), der zwar kriminell ist, aber darüber hinaus als jonglierender Eisverkäufer auch Sympathien auf sich zieht. Gleichwohl ist er die einzige Figur im Film, bei der das Negative überwiegt, und so kann, eben weil Carlos kein Mitleid erregt, die Komik der Einbruchszene mit anschließender Verhaftung ähnlich wirken wie im Buch.

Ist Fräulein Andacht bei Kästner eine lächerliche Figur, so tritt sie bei Link als unerfahrener Teenager in Erscheinung: Laurence ist nicht böse, sondern leichtsinnig, weswegen sie auf Carlos hereinfällt. Sie entgeht der Strafe, weil sie keine verdient hat. Damit entfällt auch die Komik Kästners, die darin besteht, die Dummheit des Fräuleins Andacht zu verspotten. Sie sorgt sich als Kinderfrau nicht um das Mädchen, sondern tut alles für ihren Robert, obwohl er offensichtlich nur auf das Geld der Pogges und nicht auf eine Romanze aus ist. Darüber hinaus läuft sie am Ende naiv wie ein Kind davon, als die Pogges sie beim Betteln erwischen.

Der größte Unterschied in der Figurenzeichnung betrifft indes die Charakterwandlung von Frau Pogge. Kästner schickt sie am Ende mit der gleichen Migräne ins Bett, von der die Leser bereits wissen, dass es sich um Kopfschmerzen handelt, auch wenn man gar keine hat, während Link eine Beziehung zwischen Mutter und Tochter aufbaut, die von Anfang an problematisiert wird, durch die finale Einsicht der Mutter aber eine akzeptable Basis erhält. Sie entscheidet sich, mehr Zeit mit ihrer Tochter verbringen zu wollen, anstatt wieder nur ein Kindermädchen einzustellen, damit sie wohltätig in der Welt herumreisen kann. Auf diese Weise löst Link die Geschichte befriedigender auf als Kästner, verzichtet allerdings auf Spott und Komik bezüglich der Figur der Frau Pogge. (Und doch lässt sie sie an einer Stelle zum Subjekt der Komik werden, indem sie sie vor Schreck über Pünktchens heimlichen Musikauftritt aus der Schnapsflasche eines herumstehenden Obdachlosen trinken lässt. Dies indes bleibt eine singuläre Begebenheit, durch die die Wende in Frau Pogges Verhalten kenntlich gemacht wird.) Damit der Charakter der Frau Pogge diese Kehre verwirklichen kann, muss das Mädchen den moralischen Auftrag erfüllen, ihren Eltern durch ihre Freundschaft zu Anton die Augen zu öffnen. Auf diese Weise erhält auch die Figur Pünktchen eine missionarische Funktion, deren moralisch-psychologisches Gewicht die Leichtigkeit der Kästner'schen Komik zu guten Teilen erdrückt.

Insgesamt werden viele der komischen Kästner-Stellen, wie etwa die wiederholten Theatereinlagen und die Frisör-Episode, ganz ausgelassen. Das – bei Kästner komische – Gespräch mit Lehrer Bremser bekommt einen dezidiert ernsthaften Charakter. Im Roman tritt Pünktchen charakterfest und forsch auf, um den Lehrer zurechtzuweisen, der in der Konstellation mit den neugierig herumstehenden Kollegen lächerlich und unwissend wirkt. In Wenzels Musical wird diese Szene mit slapstickhafter Körperkomik umgesetzt, bei der Pünktchen Bremser auf die Pelle rückt. Bei Link kommt es dagegen zu einem ruhigen, vertraulichen Gespräch zwischen dem Mädchen und dem Lehrer, in dem er sich mitfühlend und verständig äußert.[22] Auch hier wird eine Figur auf Kosten der Komik vielschichtiger und wirklichkeitsnäher dargestellt.

Eine wesentliche Komik-Einbuße erfährt Links Film zudem dadurch, dass die Regisseurin auf den Dackel Piefke verzichtet. Bei Kästner kratzt sich das Tier verwundert am Kopf, runzelt die Stirn, wird beim Frisör rasiert, beißt dem Einbrecher mit verspätetem Mut in die Wade, wird zum Theaterspielen genötigt und spielt sogar Fußball. Auch in der *Pünktchen und Anton*-Verfilmung von 1953 hat der Dackel komische Auftritte: Er lässt sich rasieren, macht Männchen, schleckt die Eierschalen aus und pinkelt ins Zimmer, weil jemand ahnungslos das Schild mit der Aufschrift »Piefkes Baum« mit ins Haus genommen hat.[23] Bei Link gibt es stattdessen viele filmspezifisch-komische Szenen, die keine Grundlage

Pünktchen (Elea Geissler) als Straßenmusikantin

im Roman haben: So sorgt das missglückte Jonglieren mit Eiskugeln für Slapstick, und Anton liefert eine rasante Fahrt mit dem gestohlenen Eisdielen-Bulli. Insgesamt wirkt Links Film eher heiter als komisch, wozu mitunter die Musicaleinlagen sowie Pünktchens »peppige« Straßenmusik beitragen, durch die die Bettelszenen auf der Weidendammer Brücke in die Gegenwart übertragen werden. Komisch ist die Straßenmusikszene nur insofern, als sie ins Fantastische hinüberspielt: Alle Menschen um sie herum, sogar die Obdachlosen und die Müllmänner, musizieren mit oder tanzen zur Musik. Die Kästner'sche Komik, die darin ihre Pointe hat, dass sie die Gegensätze *reiches Mädchen* und *Betteln um Streichhölzer* auf amüsante, aber zugleich brisante Art verbindet, wird dergestalt zurückgenommen. Kästners Sprachkomik hingegen findet sich bei Link in variierter Form wieder: Zwar erfindet Pünktchen keine neuen Wörter wie »Wärmometer«, doch legt sie durchaus einigen verbalen Witz an den Tag, wenn sie beispielsweise den englischsprachigen Gästen ihrer Mutter empfiehlt, im Garten einen »purzel tree« zu machen.

Die einzige Szene, in der die Komik Kästners in den Film übersetzt wurde, ist die Einbruchszene. Hier schlägt Berta mit der Bratpfanne zu. Als filmische Mittel der Komik dienen groteske Körperkomik und eine pointierte Gestaltung des Sounddesigns, denn Carlos wird mit einem Eimer klebriger Teigmasse übergossen, woraufhin er reichlich deformiert aussieht. Damit es noch lustiger und bunter wird, wird ein Eimer mit Gummibällen hinterhergekippt. Und die klangliche Pointe setzt der Sound der Bratpfanne auf Carlos' Kopf, der von einem ähnlich klingenden »Pardonngg!« der sich ironisch entschuldigenden Berta eingeleitet

Der Einbrecher Carlos (Benno Fürmann) kommt unter bunten Gummibällen zu Fall

wird. In der Kästner'schen Einbruchepisode ist offenbar schon die performative Komik präfiguriert, sodass sie in allen Adaptionen unumgänglich erscheint. Auch die Verfilmung von Engel bietet eine schrullige Slapsticknummer, in der Berta mit dem Holzhammer den Teufelrobert wiederholt traktiert, um schließlich bei Ankunft der Polizei triumphierend zu verkünden, sie benötige nur noch eine Müllabfuhr.

Die Körperkomik der dicken Berta, die mit der Keule den Einbrecher Robert niederstreckt, wollte sich auch die Comiczeichnerin Isabel Kreitz, inspiriert von dem Kästner-Illustrator Walter Trier, nicht entgehen lassen, obwohl sie ansonsten eher ein realistisches Bild vom Berlin der 1920er Jahre entwirft. Und gerade dieser Realismus steht, ähnlich wie bei Link, der Übersetzung des Literarisch-Komischen ins Visuelle im Wege. Aber an dieser Stelle wartet ihr Comic mit einer bildsprachlichen Komik auf, wenn die Keule mit sichtbar gemachten Bewegungsspuren geschwungen wird, das Schlaggeräusch in ein schriftsprachliches »Donk« übersetzt wird und der Getroffene Sterne sieht. Eine weitere der wenigen Stellen, bei denen auch Kreitz die körperliche Komik visuell auf den Punkt bringt, ist diese: Bei ihr gerät Bremser vor dem aufmüpfig aufstampfenden Pünktchen sichtbar in Verlegenheit, kommt ins Schwitzen und wird, wie bei Kästner, von den neugierig herumstehenden Kollegen verlacht. Die Verfilmungen hingegen haben das Ernsthafte der den Hintergrund bildenden sozialen Not hervorgehoben und Bremser väterlich und vernünftig in Szene gesetzt – und damit die im Vordergrund stehende Komik der Situation bei Kästner vergeben.

IV. Schluss-Pünktchen: Komik der poetischen Gerechtigkeit

Je weiter man in der Literaturgeschichte zurückgeht, desto strikter findet man die komische Kinderliteratur an moralische Zwecke gebunden.[24] Kästner selbst sieht sich und seinen Humor in einer aufklärerischen Tradition.[25] Ob es ihm gelungen ist, mit seinen Kinderbüchern über Humor Werte zu vermitteln, ist umstritten. Der oben bereits erwähnten Ruth Klüger beispielsweise sind seine Nachdenkereien zu dogmatisch und seine Heiterkeit zu harmlos, wobei sie darüber hinaus vermerkt: »In Kästners humoristischen Romanen werden die wirtschaftlichen Probleme der Armen durch die Güte und Offenheit der Reichen ausgeglichen.«[26] Andere Kritiker beanstanden in ähnlicher Weise die an der Realität vorbeigehende Verlagerung gesellschaftlicher Missstände ins Private – dies sei keine Lösung, sondern bloß eine Verdrängung der sozialen Ungerechtigkeit.[27] Doch ist zu Kästners Verteidigung zum einen zu sagen, dass es in *Pünktchen und Anton* um eine Freundschaft geht, der es gelingt, soziale Hindernisse zu bewältigen, und nicht darum, die politischen Probleme der Weimarer Republik zu lösen. Des Weiteren ist es seit der Antike ein probates komik- und komödienspezifisches Mittel, ein moralisches Statement mittels der *poetischen Gerechtigkeit* abzugeben, mag die Handlung dadurch auch arg konstruiert erscheinen.[28] Aristoteles kennzeichnet es im 13. Kapitel der *Poetik* als »φιλάνθρωπον« (menschenfreundlich), wenn der Schlechte einen Umschlag vom Glück ins Unglück erlebt.[29] Dies kommentiert der Aristoteles-Übersetzer Manfred Fuhrmann wie folgt: »Der Ausdruck ›menschenfreundlich‹ (φιλάνθρωπον) zielt auf eine Haltung, die es für wünschenswert erachtet, daß beim Mitmenschen das sittliche Niveau und die Glücksumstände übereinstimmen, daß es dem Guten gut und dem Schlechten schlecht ergehe; er entspricht demnach der ›poetischen Gerechtigkeit‹.«[30] Dies darf Aristoteles zufolge in der Tragödie nicht gezeigt werden. Poetisch gerechte Schlusslösungen bereiten dem Publikum Vergnügen und gehören zum Handlungsmodell der Komödie – allerdings mit der Einschränkung, dass das Unglück des Schurken kein schmerzvolles Verderben sein darf. Schließlich ist Komik auf Harmlosigkeit angewiesen.[31]

Kästners Buch ist in diesem Sinne harmlos komisch und poetisch gerecht, denn Robert, Fräulein Andacht und Gottfried Klepperbein werden lächerlich gemacht und bestraft, allerdings ohne dass ihr Leid geschildert würde. Das nämlich wäre kontraproduktiv für die Komik, weil Mitleid erweckt werden würde, wohingegen moralische Befriedigung mit Komik kompatibel ist. Bei Link ist die poetische Gerechtigkeit noch harmloser, denn das Kindermädchen entgeht der Strafe. Allein Carlos ist der Schuft, der in der Szene, in der er von der dicken Berta überwältigt wird, geradezu zu einem Clown gemacht wird.

Um eine vergnügliche moralische Botschaft zu vermitteln, wären die expliziten Nachdenkereien und Vor- und Nachworte sicher nicht nötig gewesen, in denen Kästner sich wünscht, dass die Kinder sich an seinen tüchtigen Helden Anton und Emil orientieren, um die Welt zu verbessern.[32] Denn das geben die Geschichten auch so her. Link tut daher gut daran, sie zu ignorieren. Aber für die poetische Gerechtigkeit muss Kästner nicht gerügt werden. Auch das Filmende bei Link setzt in dieser Richtung ein Zeichen, das eher augenzwinkernd als kitschig ist, wenn sie den 100-Mark-Schein, um den sich die Klepperbein-Figur und ihr Kumpel, Ricky und Charly, streiten, in die Luft fliegen lässt, um ihn am Ende im Hut eines schlafenden Obdachlosen landen zu lassen. In der Fiktion kann das Geld nämlich getrost umverteilt werden. So ähnlich lässt Kästner es auch seinen Herrn Zeigefinger in einer Bühnenadaption von *Pünktchen und Anton* formulieren:

»Ich reib mir vergnügt die Hände.
Jetzt folgt das glückliche Ende.
Im Leben bleibt's oft aus, das Glück.
Doch hier ist das ja ein Theaterstück.«[33]

---

1 Das Duo Marc Schubring und Wolfgang Adenberg, das 2001 bereits eine Musicaladaption von *Emil und die Detektive* hervorgebracht hat, zeichnete auch hier für die Musik und das Libretto verantwortlich. — **2** Vgl. Ruth Klüger, »Korrupte Moral. Erich Kästners Kinderbücher«, in: Dies., *Frauen lesen anders*, München 1996, S. 63–82, hier S. 67 und S. 78. — **3** In diesem Punkt hat die *Pünktchen und Anton*-Verfilmung von 1953 (Regie: Thomas Engel) als Modell gedient. **4** Vgl. Erich Kästner, *Pünktchen und Anton*, Zürich 1935, S. 8. — **5** Ebd., S. 9. — **6** Michel de Montaigne, *Essais in einem Band*, Frankfurt am Main 1998, S. 59. — **7** Kästner, *Pünktchen und Anton* (s. Anm. 4), S. 47. — **8** Ebd., S. 118. — **9** Vgl. zum Beispiel Dagmar Grenz, »Kästners Kinderbücher in ihrem Verhältnis zu seiner Literatur für Erwachsene«, in: *Literatur für Kinder*, hg. von Maria Lypp, Göttingen 1977, S. 155–169, hier S. 164. — **10** Vgl. Esther Steck-Meier, *Erich Kästner als Kinderbuchautor. Eine erzähltheoretische Analyse*, Bern 1999, S. 454 f., und Bernhard Engelen, »Das kindliche Verhältnis zu den komischen Elementen in Kästners *Pünktchen und Anton*«, in: *Literatur-Erwerb*, hg. von Peter Conrady, Frankfurt am Main 1989, S. 80–102. Kinder mögen Klamauk und verstehen laut Engelen das Subtile nicht. — **11** Kästner, *Pünktchen und Anton* (s. Anm. 4), S. 24. — **12** Vgl. ebd., S. 12. — **13** Vgl. ebd., S. 46. — **14** Ebd., S. 37. — **15** Ebd., S. 14. — **16** Vgl. Stefanie Çetin, »Die Welt in die Angeln heben«. Erich Kästners Humor für Kinder«, in: *Erich Kästner – so noch nicht gesehen*, hg. von Sebastian Schmideler, Marburg 2012, S. 189–203. Çetin ordnet Pünktchen in die Kategorie »Fantasievolle Spaßmacher« ein. — **17** Kästner, *Pünktchen und Anton* (s. Anm. 4), S. 14. Letztlich geht Komik immer aus Kontrasten hervor, lautet die Prämisse der sogenannten Inkongruenztheorie, die im 18. Jahrhundert von dem schottischen Philosophen James Beattie geprägt worden ist: »Laughter arises from the view of two or more inconsistent, unsuitable, or incongruous parts of circumstances, considered as united in one complex.« James Beattie, »An Essay on Laughter and Ludicrous Composition«, in: Ders., *The Philosophical Works,* Bd. 2, hg. von F. O. Wolf, Stuttgart-Bad Cannstatt 1970, S. 600. — **18** Vgl. Aristoteles, *Poetik,* übers. und hg. von Manfred Fuhrmann, Stuttgart 1982, S. 17 (1449 a) und S. 39 (1453 a 1–4). — **19** Bergson betont, dass Mitgefühl der Komik im Wege steht. Er schreibt: »(D)as Komische setzt, soll es voll wirken, etwas wie eine zeitweilige Anästhesie des Herzens voraus, es wendet sich an den reinen Intellekt.« Henri Bergson, *Das Lachen,* Meisenheim am Glan 1948, S. 9. — **20** Vgl. Ingo Tornow, *Erich Kästner und der Film,* München 1998, S. 48. Diese Figurenzeichnung hat Ähnlichkeit mit Mrs. Jellyby in Charles Dickens' *Bleakhouse* (1852/53). — **21** Kästner, *Pünktchen und Anton* (s. Anm. 4), S. 49. — **22** Der Lehrer in PÜNKTCHEN UND ANTON hat Ähnlichkeiten mit der Figur Otto aus der FAHNDER-Folge TIM (1992), für die Caroline Link das Drehbuch geschrieben hat. Er ist durch Empathie und ein Interesse an Horoskopen gekennzeichnet. Eine weitere Parallele zu dieser FAHNDER-Folge besteht darin, dass ein bedrängter Junge sich mit einem geklauten Auto auf die Flucht begibt – allerdings ist der Kontext im FAHNDER weniger harmlos als in dem Kinderfilm. Zur Interpretation von TIM siehe den Beitrag von Felix Lenz im vorliegenden Heft. — **23** Diese Art Komik macht sich auch die *Emil*-Verfilmung von 2001 zunutze, die einen kleinen Hund mitspielen lässt, obwohl in der Vorlage keiner vorkommt. — **24** Vgl. Rüdiger Steinlein, »Kinderliteratur und Lachkultur. Literarhistorische und theoretische Anmerkungen zu Komik und Lachen im Kinderbuch«, in: *Komik im Kinderbuch,* hg. von Hans-Heino Ewers, Weinheim u. a. 1992, S. 11–32, hier S. 13 f. — **25** Vgl. Çetin, »Die Welt in die Angeln heben« (s. Anm. 16), S. 191. — **26** Klüger, »Korrupte Moral« (s. Anm. 2), S. 65. Zu *Pünktchen und Anton* siehe ebd., S. 77–79. — **27** Vgl. Susanne Haywood, *Kinderliteratur als Zeitdokument. Alltagsnormalität der Weimarer Republik in Erich Kästners Kinderromanen,* Frankfurt am Main 1998, S. 106, und Andreas Drouve, *Erich Kästner. Moralist mit doppeltem Boden,* Marburg 1993, S. 173. — **28** Die Doktrin der poetischen Gerechtigkeit ist hier gemeint, wohingegen der Begriff »poetic justice« erst im späten 17. Jahrhundert geprägt wurde. Siehe hierzu Wolfgang Zach, *Poetic justice. Theorie und Geschichte einer literarischen Doktrin,* Tübingen 1986. — **29** Vgl. Aristoteles, Poetik (s. Anm. 18), S. 39 (1453 a 1–4). — **30** Ebd., S. 117 f. — **31** Vgl. ebd., S. 17 (1449 a). Zach vertritt die Ansicht, dass Aristoteles einerseits poetische Gerechtigkeit, andererseits aber das amoralische Happy Ending als komödienspezifisch bezeichne, und sieht darin einen unauflösbaren Widerspruch. Vgl. Zach, *Poetic justice* (s. Anm. 28), S. 97. Dieser lässt sich meines Erachtens aber durch das Harmlosigkeitspostulat auflösen: Zwar bekommt jeder, was er verdient, aber dies darf keine Katastrophe sein, zudem darf kein Leiden gezeigt werden. — **32** Vgl. Kästner, *Pünktchen und Anton* (s. Anm. 4), S. 154: *Vom glücklichen Ende* (Erde als Paradies), und S. 157: *Das kleine Nachwort.* — **33** Zit. nach Gerd Taube, »Kästners Kinderromane auf der Bühne. Zur Dramatik für Kinder in der Nachkriegszeit«, in: *Erich Kästner. 100 Jahre,* hg. von Hans-Heino Ewers, Ulrich Nassen, Karin Richter und Rüdiger Steinlein, Stuttgart 2000, S. 88–106, hier S. 102.

Nicolas Freund

Wintermärchen und Zauberberge
Caroline Links NIRGENDWO IN AFRIKA und die Literatur

I. NIRGENDWO IN AFRIKA als Literaturverfilmung: Erinnerung an eine Erinnerung

Caroline Links NIRGENDWO IN AFRIKA (2001) basiert auf dem 1995 erschienenen, gleichnamigen autobiografischen Roman von Stefanie Zweig. So wie die Familie Redlich in Film und Roman floh Zweig 1938 mit ihren Eltern vor den Nationalsozialisten aus Deutschland und lebte fast zehn Jahre auf einer Farm in Kenia. Ihre eigene Geschichte deckt sich in weiten Teilen mit der Reginas aus dem Roman und dessen Verfilmung.

Der Roman setzt mit einer Stimme ein, die nicht die des Erzählers ist: Aus Afrika schickt Walter, der Vater der Familie, Briefe in die Heimat, nach Deutschland. Die initiale Erzählperspektive ist die einer intradiegetischen Figur, die von Kenia aus zurück nach Deutschland blickt (und schreibt). Ab dem zweiten Kapitel wechselt die Erzählperspektive. Der Erzähler ist, der Terminologie Gérard Genettes in ihrer Bearbeitung durch Matías Martínez und Michael Scheffel folgend, extradiegetisch und multipel intern fokalisiert.[1] Dieser Rückgriff auf die etwas starren Konventionen der Erzähltheorie ist hier deshalb aufschlussreich, weil diese an Marcel Prousts *À la recherche du temps perdu* entwickelt wurden und vor allem das Phänomen der Erinnerung treffend beschreiben. In der *Recherche* wird die (subjektive) Erinnerung bekanntlich durch einen Sinneseindruck, den Geschmack von Madeleines und Lindenblütentee, ausgelöst. Wie im Folgenden zu zeigen ist, verfahren Roman und Film nach einem ähnlichen Prinzip, indem sie die Erinnerungen durch Ereignisse in der Gegenwart auslösen und mit dem Gegenwärtigen subjektiv überlagern. Wie seine Romanvorlage ist der Film aber keine einfache Erinnerung an die Jahre in Afrika. Vielmehr ist er die Erinnerung an eine Erinnerung. Die erzählte Geschichte ist die der permanenten Absenz einer Heimat. Diese Heimat ist Deutschland, aber ein Deutschland, das es nicht mehr gibt. Die Briefe, die am Anfang des Romans stehen, haben keinen Adressaten mehr (schon gar nicht 1995, als der Roman erschienen ist). Das Afrikabild des Romans und die Bilder von Afrika im Film sind zu jedem Zeitpunkt von dieser Absenz, von diesem Mangel bestimmt, nicht Deutschland zu sein, nicht dieses Land, in dem man in großen Städten lebt, in dem die Menschen Bücher lesen und in dem im Winter sehr viel Schnee fällt.

Wie in Prousts paradigmatischer Erinnerungsszene sind es oft Sinneseindrücke, die vor allem Regina (als Kind Lea Kurka, als Jugendliche Karoline Eckertz) an Deutschland erinnern.[2] Der Geschmack von Nüssen – hier weicht der Film, indem er Deutschland auch zeigt, vom Roman ab, der völlig auf Afrika fokussiert ist – lässt Regina an den Großvater denken, der in der Partyszene zu Beginn des Films nur die Nusskekse von der Haushälterin bekommt, auf die er aber leider allergisch reagiert. Deutschland ist für Regina auch der Großvater, der dort geblieben ist. Die Bilder des Deutschlands, das nur aus Wohnungsräumen und Schneenächten besteht, scheinen direkt der Erinnerung Reginas entsprungen zu sein.

Eine zweite sinnliche Assoziation mit der verlorenen Heimat ist der Winter, den es in Afrika nicht gibt. Genau genommen gibt es sogar »keine Jahreszeiten«, wie es Regina zu Beginn des Films aus dem Off sagt. Deutschland ist das Land, in dem Schnee liegt, in dem der Großvater lebt und wo eine unheimliche Frau namens Lore-Ley die Fischer untergehen lässt, wie sie von ihrem Vater (Merab Ninidze), einem großen Bewunderer Heinrich Heines, weiß. Deutschland ist für Regina auch ein fernes Wintermärchen.

Die Erinnerung an Deutschland wird im Film bereits zu Beginn in einer scharf kontrastierenden Montage dargestellt. Die Stimme aus dem Off gehört der inzwischen erwachsenen Regina, die sich an Afrika und dadurch an Deutschland zurückerinnert. Walter befindet sich bereits in Kenia, Regina und Jettel (Juliane Köhler) sind noch in Deutschland zurückgeblieben. Die Bilder könnten unterschiedlicher nicht sein: Den warmen Farben der unter gleißender Sonne gezeigten afrikanischen Landschaft wird ein winterliches Deutschland in schwarz, weiß und blau gegenübergestellt. Ein schwarzer Junge ist in Afrika auf dem Fahrrad mit einem Brief an Walter unterwegs. Beim Schlittenfahren tummeln sich nicht nur die Kinder, auch die Hitlerjugend gehört in diese frostigen Bilder. Der Kontrast dieser Montage betont auch die gegenseitige Ergänzung der Bildwelten Deutschlands und Kenias in der Wahrnehmung Reginas. Gerade der Kontrast betont den Zusammenhang beider Welten.

In ihrer *Filmgeschichte* erläutert Michaela Krützen das Prinzip der klassischen Erinnerung im Film am Beispiel von CASABLANCA (1943), genau-

er berühmten, die Erinnerung des Protagonisten Rick (Humphrey
Bogart) präsentierenden Szene, die uns mit einer objektiven Erinnerung
und folglich mit Bildern konfrontiert, die »zuverlässig erzählt«³ sind. »Das
Dargestellte übertrifft also Wissens- und Wahrnehmungsmöglichkeiten
der Figur. (...) Das bedeutet: Die Rückblende wird trotz subjektiver
Rahmung ›objektiv‹ erzählt, so wie der restliche Film. (W)ir (...) vollziehen lediglich einen (...) Zeitsprung nach.«⁴

In NIRGENDWO IN AFRIKA ist der Status der Erinnerungen an Deutschland nicht so eindeutig zu bestimmen. Fast der gesamte Film aber ist bis auf wenige Ausnahmen als Erinnerung Reginas markiert. Die Deutschlandbilder stechen dabei zunächst als Kontrast heraus, später im Film ergänzen sie die Briefe aus Deutschland. Das ferne Deutschland bekommt den Status einer Erzählung in der Erzählung – allerdings einer unzuverlässigen Erzählung, denn die in kalten Farben gehaltenen Erinnerungsbilder vom Anfang sind ebenso wie die Bilder der engen Wohnräume subjektiv durch die Erinnerungen Reginas geprägt. Das Deutschland dieser Zeit ist ein kaltes und enges Land, und so wie es Regina wahrnimmt, zeigt es der Film. Die starke Kontrastierung von Deutschland und Kenia in der Bildsprache erfüllt aber auch den Zweck, die Bilder von Deutschland eindeutig als Erinnerungen zu markieren, wie es im Film, dem die grammatikalische Ausdrucksmöglichkeiten des Tempus fehlen, nötig ist.⁵ Im Roman hallen außerdem die Schrecken der Naziherrschaft bis nach Kenia wider:

»›Jettel‹, sagte Walter leise und erkannte, daß er die Tränen, die ihn seit Tagesanbruch drückten, nicht mehr würde lange halten können, ›gestern haben in Deutschland die Synagogen gebrannt. Sie haben die Scheiben jüdischer Geschäfte eingeschlagen und Menschen aus ihren Wohnungen geholt und halb totgeprügelt. Ich wollte es dir schon den ganzen Tag sagen, aber ich konnte nicht.‹ ›Woher weißt du? Wie kannst du so etwas sagen? Woher willst du das auf dieser verdammten Farm erfahren haben?‹ ›Ich habe heute früh um fünf den Schweizer Sender reinbekommen.‹«⁶

Owuor (Sidede Onyulo) kommt angerannt: Er hat eine Heuschrecke, eine »Sigi«, gefunden. Die erste von vielen, die, wie er weiß, alle Pflanzen auf der Farm auffressen werden. Walter ist hilflos angesichts der Bedrohung: »›Owuor, hilf mir, ich weiß nicht, was ich machen soll.‹ ›Man kann die Sigi vertreiben‹, erklärte Owuor (...). ›Wir brauchen Töpfe und Löffel und müssen sie schlagen. Wie Trommeln. Noch besser ist es, wenn Glas zerbricht. Jedes Tier hat Angst, wenn Glas stirbt. Hast du das nicht gewußt, Bwana?‹«⁷

Walter Redlich (Merab Ninidse) berichtet Jettel von der Pogromnacht in Deutschland

Das zerbrochene Glas aus der schrecklichen Pogromnacht in Deutschland, die wegen der vielen zerbrochenen Scheiben, welche auf den Straßen und Bürgersteigen gelegen haben, lange Zeit »Reichskristallnacht« genannt wurde, findet sein Echo in Afrika. Owuor spricht von sterbendem Glas. Die Wortwahl scheint nicht nur auf unheimliche Art vorwegzunehmen, was in Deutschland in den nächsten Jahren noch geschehen wird, in der oft metaphorischen Sprache der Kenianer, wie sie im Roman und auch im Film dargestellt wird, bekommt die motivische Wiederkehr der fernen Ereignisse in Deutschland eine fast mystische Dimension. Kenia und Deutschland sind nicht zu trennen. Kenia erscheint im Roman durch den Zerrspiegel Deutschlands – aber auch Deutschland wird durch die kenianische Lebensform, durch die Eindrücke und Erlebnisse der Familie Redlich in ein anderes Licht gerückt. »Jedes Tier hat Angst, wenn Glas stirbt.« Denkt Walter, und mit ihm der Leser, angesichts dieser Worte, die Juden, denen die Anschläge galten, seien Tiere? Wohl eher nicht – Angst haben alle Menschen im Angesicht derartiger Gewalt. Vielmehr muss sich Walter fragen, ob er durch das zerbrechende Glas zum Tier gemacht werden soll, das Angst hat. Deutschland und Kenia beginnen einander zu überlagern. Die Gewalt aus Deutschland scheint symbolhaften Einzug in die kenianischen Geschichten und Mythen zu halten. Der Film stellt diese Szene vor dem Hintergrund eines Buschbrandes nach, von dem Owuor sagt, dass man sich vor ihm nicht zu fürchten brauche – natürlich nicht, denn er steht ja für die Gewalt im fernen Deutschland. Eine Variation der unheimlichen Romanszene des sterbenden Glases, die zeigt, wie der Film die Vorlage in seine Bildsprache übersetzt.

II. Zauberberge und Wintermärchen: Die intermedialen Bezüge in Nirgendwo in Afrika

Der Roman und der Film sind voll literarischer Verweise und Verweise auf das Literarische. Briefe spielen eine große Rolle: Der Roman setzt mit einem ganz aus Briefen bestehenden Kapitel ein; im Film sind die Briefe Auslöser für Rückblenden ins verlorene und vermisste Deutschland.

Dass Regina unbedingt Lesen und Schreiben lernen soll, spielt über weite Teile der Erzählung eine große Rolle; selbiges gilt für ihre Internatsaufenthalte. Viele literarische Werke werden explizit erwähnt, darunter Heinrich Heines als »Lore-Ley« bekanntes Gedicht sowie das Gesamtwerk des Autors, außerdem Thomas Manns *Der Zauberberg*, bei dem es sich vermutlich um das Buch handelt, das Walter, wie er in einer Szene tobend schreit, nun schon dreimal gelesen habe, und Charles Dickens' *Stories for Children*, die Regina vom englischen Schulleiter geschenkt bekommt.

Heines Lore-Ley-Gedicht wird im Film fast komplett zitiert. Walter sagt es mit Regina zum Einschlafen auf:

»Ich weiß nicht was soll es bedeuten,
Daß ich so traurig bin;
Ein Märchen aus alten Zeiten,
Das kommt mir nicht aus dem Sinn.

Die Luft ist kühl und es dunkelt,
Und ruhig fließt der Rhein;
Der Gipfel des Berges funkelt
Im Abendsonnenschein.

Die schönste Jungfrau sitzet
Dort oben wunderbar,
Ihr gold'nes Geschmeide blitzet,
Sie kämmt ihr goldenes Haar.

Sie kämmt es mit goldenem Kamme,
Und singt ein Lied dabei;
Das hat eine wundersame,
Gewaltige Melodei.

Den Schiffer im kleinen Schiffe
Ergreift es mit wildem Weh;

Er schaut nicht die Felsenriffe,
Er schaut nur hinauf in die Höh'.

Ich glaube, die Wellen verschlingen
Am Ende Schiffer und Kahn;
Und das hat mit ihrem Singen
Die Lore-Ley gethan.«[8]

Der Kontext des Films lässt eine ganz eigene Deutung des Gedichts zu, in der das Märchen, das einem nicht mehr aus dem Sinn gehen mag, das Deutschland ist, in dem der Rhein fließt, die Gipfel der Berge funkeln. Für dieses Deutschland steht die Lore-Ley, die Teil dieser romantischen Landschaft ist und die eine Gefahr darstellt, denn sie verführt die Menschen. Sie verführt zu einer Sehnsucht nach diesem Deutschland, nach diesem Land, das mit der »schönste(n) Jungfrau« assoziiert wird. Diese verführerische Sehnsucht nach dem Deutschland der Lore-Ley ist gefährlich, denn wie der Fischer mit seinem Kahn kann die Orientierung verlieren, wer nur auf die Sehnsucht nach der fernen Heimat hört und nach ihr navigiert. Für die Redlichs bedeutet dies, dass sie sich im afrikanischen Exil nach ihrer neuen Lebenswelt, ihrer neuen Heimat richten müssen, wollen sie nicht wie der Fischer von den Wellen verschlungen werden. Gleichzeitig bleibt das Gedicht ein Stück wertvolles Kulturgut, ein Artefakt aus einem untergegangenen Land. Auch hier ist das ferne Deutschland wieder wenig mehr als ein Märchenland, das es tatsächlich nirgendwo in Afrika gibt und vor dem man sich sogar in Acht nehmen muss.

Im Film wird die gemeinsame Rezitation Walters und Reginas mit einer selbst geradezu poetischen Montage parallelisiert:[9] Süßkind (Matthias Habich) schürt ein Feuer, Jettel hält inne, während sie in Gedanken versunken ein Moskitonetz aufhängt, Süßkind beobachtet Owuor, der den Tisch im Freien abdeckt. Die Montage dieser häuslichen Szenen verdichtet die kurzen Einstellungen zu einem biedermeierhaften Heimatbild, das subtil Heines Lebensepoche evoziert und in deutlichen Kontrast zu dem Leben im afrikanischen Exil tritt.

Film und Buch nehmen zu keinem literarischen Werk außer der »Lore-Ley« direkten Bezug. Das Verhältnis der Medien zueinander ist nicht nur ein intertextuelles oder intermediales, sondern – und dies ist entscheidend – ein interdiskursives. Aufgerufen wird die von Autoren wie Heine und Thomas Mann immer wieder diskutierte Identität Deutschlands, die eines Deutschlands, das für Walter, Regina und Jettel und viele andere Deutsche nicht mehr existiert. Die Verweise sind auch ein sentimentaler

Blick auf eine Kultur, die im Untergang begriffen scheint. »Die deutsche Sprache und Kultur, das war immer unser Zuhause«, stellt Jettel einmal angesichts der Ereignisse in Deutschland fassungslos fest.

Ähnlich funktioniert der Verweis auf den *Zauberberg*. In den 1930er Jahren, nach der Verleihung des Nobelpreises für Literatur an Thomas Mann, war der Roman ein Bestseller. Dass ihn ein gebildeter Mann wie Walter liest, ist ein Detail, das der Geschichte Glaubwürdigkeit und historische Authentizität verleiht. Der Verweis stellt aber auch die ganze Erzählung in einen weiteren diskursiven Rahmen.

In Links Film wird auf keine konkreten Textstellen aus *Der Zauberberg* Bezug genommen. Es werden mit seinem Autoren als dem paradigmatischen Exildeutschen und seinem Roman über eine Nation, die schlafwandlerisch von einer abgeschotteten Bergenklave aus in einen Weltkrieg taumelte, weitere zeitgeschichtliche Register gezogen. Deutschland erscheint wie dieser eigentlich harmlose Hans Castorp, der eines Tages vom ruhigen Zauberberg Deutschland aus die Nachbarn überfällt. Für Walter und seine Familie nimmt aber auch Kenia zauberberghafte Züge an. Für sie ist diese Gegend der Welt enthoben. Owuor spricht vom Mount Kenia, den man von der Farm aus gut sehen kann, als einem heiligen, besonderen Berg. (Schon auf der Überfahrt mit dem Schiff stehen Jettel und Regina an Deck neben einer langen Reihe von Liegestühlen, wie sie auch die Bewohner des Sanatoriums im *Zauberberg* täglich belegen.) In Kenia lebt eine kleine Enklave Europäer, die nur wenig von der Außenwelt mitbekommt und deren Leben sich immer mehr um sich selbst dreht. Das durch diese diskursiven Verweise von einem märchenhaften, einem identitätsstiftenden, aber unerreichbaren Deutschland überlagerte Kenia trägt wie der *Zauberberg* Züge einer ironischen, sich

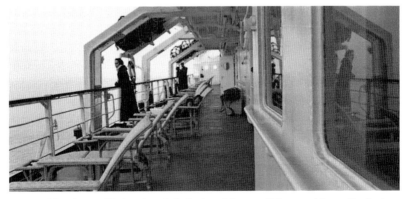

Liegekur auf hoher See: Subtile Anspielung auf Thomas Manns *Zauberberg*

nicht festlegen lassenden Dialektik zwischen der alten und der neuen Heimat, wie sie typisch für Thomas Mann ist.

III. Der Fremde in uns: Die Differenz als Leitmotiv des Films

Leitmotiv des Films mehr noch als des Romans ist die Kategorie der Differenz. Fast jede Szene des Films wird aus einer Opposition zweier Figuren heraus entwickelt. Die Figuren, Walter, Regina, Jettel, Owuor, Süßkind, die Afrikaner, die Engländer usw. sind aber keineswegs statisch. Wie Buchstaben oder Signifikanten, deren Bedeutung oder Signifikat kontextabhängig ist, nehmen sie, je nachdem, wem sie gegenübergestellt werden, eine andere Rolle ein. Diese wird vom Gegenüber maßgeblich bestimmt.[10] Der Film hält für jede Figur eine Reihe an bestimmenden Kategorien bereit: Alter, Geschlecht, Hautfarbe, Sprache, Religion, Beruf, Herkunft sind nur die offensichtlichsten. Diese können wechseln. Vor allem Regina durchläuft im Fortgang der Geschichte eine Reihe dieser Kategorien. Welche Eigenschaften der Figur dominant gesetzt werden, hängt stets von ihrem Gegenüber ab. Der Film spielt fast alle möglichen Kombinationen durch: Schwarz – Weiß, Afrikaner – Europäer, Engländer – Deutsche, Schotten – Engländer, Juden – Christen, Jung – Alt, Mann – Frau, Kinder – Eltern, Menschen – Tiere. Die Reihe ließe sich noch lange fortsetzen. Manche dieser Oppositionen, wie beispielsweise die zwischen Schotten und Engländern, werden nur angesprochen oder spielen allein im Roman eine größere Rolle; die meisten indes bilden jeweils das Grundmuster für die einzelnen Filmszenen. Bereits zu Beginn des Films wird dieses Leitmotiv der Opposition formal in den montierten Gegenüberstellungen von Deutschland und Afrika gespiegelt.

Die Unterschiede zwischen den Figuren führen immer zu Reaktionen: zu freundschaftlichen oder feindseligen. Das Verhältnis von Regina und Owuor ist sofort freundschaftlich geprägt, obwohl in ihren Figuren fast alle der zentralen Oppositionen, die der Film anspricht, zusammenkommen: Alt – Jung, Schwarz – Weiß, Mann – Mädchen. Die beiden verstehen einander, können einander lesen wie ein Buch. Regina lernt schnell Suaheli und Englisch. Ihre Mutter hingegen tut sich mit den fremden Sprachen bis zum Ende des Films schwer. »Merkwürdig, wie manche Worte hier an Bedeutung verlieren. Zum Beispiel Steuererklärung oder Straßenbahn«, sinniert Jettel gegen Ende des Films. Die afrikanische Lebenswelt und die neuen Anderen, mit denen man sich konfrontiert sieht, ordnen die Signifikanten neu. Die Sprachen, die die Figuren ständig neu lernen müssen, sind nur eine Kommunikationsform. Kommunikation erfolgt im Film über die Aushandlung von Unterschieden.

Wenig bis keine funktionierende Kommunikation findet zwischen Walter und Jettel statt. Obwohl beide Europäer, weiß und Juden sind, streiten sie in beinahe jeder Szene. Sie harmonieren fast nur miteinander, wenn sie zusammen ins Bett gehen, also unter dem Aspekt ihrer Opposition von Mann und Frau. Sie verstehen einander allein unter dem Aspekt dieses Unterschieds.

Vor allem Jettel hat mit den Afrikanern und Engländern ihre Probleme. Sie erwartet, dass die Schwarzen Deutsch lernen, wenn sie mit ihr reden wollen. Jettel versteht ihr Gegenüber meistens nicht und möchte es am liebsten sich selbst gleich machen. Sie lässt nicht die Unterschiede sprechen, sondern erwartet, dass für sie alles gleich gemacht wird und dass sich ihr alles anpasst.

Ein ähnliches Schema wie das zwischen Walter und Jettel liegt dem Verhältnis von Jettel und Süßkind zugrunde. Obwohl es für die beiden von der Arbeit auf der Farm über Regina und den Krieg in Europa genug Gesprächsstoff gäbe, ist eigentlich jeder Dialog zwischen den beiden ein Flirt. Auch sie verstehen einander nur als Mann und Frau.

Der Film enthält kaum Szenen aus dem Gefangenenlager, in dem die »enemy aliens« von den britischen Kolonialherrschern interniert werden. Tatsächlich erscheinen hier alle sehr gleich: weiße, deutsche, meist jüdische Männer, die vor den Nazis geflohen sind. Im Roman wird die Gleichheit noch ironisch untermauert, indem die Männer, die eigentlich Gefangene sind, mangels Alternative dieselben Uniformen wie ihre Wächter tragen müssen.[11] Auch der Krieg macht alle und alles gleich.

Die Bedeutung entsteht oder scheitert stets aus diesen oppositionellen Verhältnissen der Figuren zueinander: Wie Buchstaben beziehen sie sich aufeinander und schaffen, je nach Kombination, neue Sinneinheiten, die die Erzählung vorantreiben, welche, so könnte man sagen, ein Textgewebe bildet.

»Wenn ich etwas gelernt habe, dann wie wichtig diese Unterschiede sind«, sagt Jettel gegen Ende des Films zu der inzwischen fast erwachsenen Regina. Wo es Unterschiede gibt, passiert etwas, findet Kommunikation statt. Das ist das Grundkonzept von NIRGENDWO IN AFRIKA. Wo es keine Unterschiede gibt, herrscht Stillstand und dysfunktionale Kommunikation. Wo alles gleich gemacht werden soll, entsteht Gewalt. Der Film gibt hier aber keine Schablone vor: Auch dieses System aus Bewegung und Stillstand ist wie seine Elemente dynamisch. Einmal werden alle gleich, als der Heuschreckenschwarm die Farm überfällt und Schwarze, Weiße, Männer, Frauen, Kinder und Alte gemeinsam die gefräßigen Tiere vertreiben müssen. Hier wird auch nicht mehr gesprochen. Die Szene ist nur mit Musik untermalt, und die Erzählung scheint, in einem harmonischen Moment verharrend, stillzustehen.

IV. Fazit

Caroline Links Film NIRGENDWO IN AFRIKA spielt mit dem Literarischen: Er ist selbst eine Literaturverfilmung, bezieht sich aber auch auf eine Auswahl weiterer Werke neben seiner Vorlage, die den Film diskursiv und zeitgeschichtlich verorten. In seiner Figurenkonstellation verfährt der Film geradezu fundamental literarisch, indem er die Figuren wie Buchstaben einsetzt. Folglich haben sie dynamische Charakteristika bzw. eine Form, die je nach Kontext, also je nachdem, zu welchen Figuren-Beziehungen es kommt, eine neue Bedeutung generiert. Das inhaltliche Verhältnis der Figuren ist dabei stets von einem gegenseitigen Verstehen oder Nichtverstehen geprägt: Hier zeigt sich noch einmal das tiefste Verhältnis von NIRGENDWO IN AFRIKA zur Literatur, der es, wie dem Film, um das Verstehen der Worte eines Anderen geht.

---

1 Matías Martínez/Michael Scheffel, *Einführung in die Erzähltheorie*, München 2007, S. 63–67 und S. 75–89. — **2** Zu Erinnerung im Film vgl. Michaela Krützen, *Klassik, Moderne, Nachmoderne. Eine Filmgeschichte*, Frankfurt am Main 2015, S. 53–64. — **3** Ebd, S. 61. — **4** Ebd, S. 62. — **5** Vgl. ebd., S. 54 f. — **6** Stefanie Zweig, *Nirgendwo in Afrika* (1995), München 2007, S. 41. — **7** Ebd., S. 42. — **8** Heinrich Heine: »Die Heimkehr II« (»Lore-Ley«), in: *Heinrich Heine. Säkularausgabe. Werke, Briefwechsel. Lebenszeugnisse. Band 1. Gedichte 1812 – 1827*, hg. von den Nationalen Forschungs- und Gedenkstätten der klassischen deutschen Literatur in Weimar und dem Centre National de la Recherche Scientifique in Paris, Berlin/Paris 1979, S. 92 f. — **9** Für den Hinweis auf die *Gedichthaftigkeit* der Montage danke ich Claudia Lillge. — **10** Ein dramaturgisches Verfahren, das man auch in anderen Filmen Caroline Links beobachten kann, besonders in JENSEITS DER STILLE (1996), IM WINTER EIN JAHR (2008) und EXIT MARRAKECH (2013). — **11** Vgl. Zweig, *Nirgendwo in Afrika* (s. Anm. 6), S. 59.

Jörn Glasenapp

Im Einklang mit Freud

Trauerarbeit in Caroline Links IM WINTER EIN JAHR

I. Trauernde Frauen

»Man ist niemals mit einem Porträt zufrieden von Personen die man kennt. Deswegen habe ich die Porträtmaler immer bedauert. Man verlangt so selten von den Leuten das Unmögliche, und gerade von diesen fordert man's. Sie sollen einem Jeden sein Verhältnis zu den Personen, seine Neigung und Abneigung mit in ihr Bild aufnehmen; sie sollen nicht bloß darstellen, wie sie einen Menschen fassen, sondern wie Jeder ihn fassen würde. Es nimmt mich nicht Wunder, wenn solche Künstler nach und nach verstockt, gleichgültig und eigensinnig werden.«[1] So manches von dem, was die junge Ottilie in Johann Wolfgang von Goethes *Wahlverwandtschaften* (1809) ihrem Tagebuch zur Schwierigkeit der Porträtmalerei anvertraut, findet sich in Caroline Links viertem Kinofilm IM WINTER EIN JAHR (2008) vollauf bestätigt: Der allein und zurückgezogen lebende Maler Max Hollander (Josef Bierbichler), offenbar spezialisiert auf Porträts, erhält den Auftrag, ein Doppelporträt zu fertigen. Zeigen soll es die beiden Kinder des wohlsituierten Münchner Ehepaars Richter, die 21-jährige Lilli (Karoline Herfurth) und den zwei Jahre jüngeren Alexander. Hierbei nun besteht eine spezielle Herausforderung darin, dass Letzterer zum Zeitpunkt der Auftragserteilung nicht mehr lebt. Nur wenige Monate zuvor hat er sich selbst umgebracht – aus Gründen, die bis zum Schluss des Films nicht einmal in Ansätzen geklärt werden.

Treibende Kraft hinter der Erstellung des Porträts ist die Mutter, Eliane (Corinna Harfouch), deren einstige ödipale Nähe zu Alexander ebenso wie ihr Nicht-loslassen-Können nach dessen Tod mehrfach unmissverständlich herausgestellt werden. Man denke hier etwa an die Eingangsszene, in der sie ihren im Garten tanzenden Sohn filmt und sich förmlich an ihm berauscht (wobei sie von der wohl eifersüchtigen Lilli vergleichsweise missmutig beobachtet wird), oder ihre entschiedene, gegen den Willen ihres Mannes aufrechterhaltene Weigerung, das Zimmer des Verstorbenen aufzulösen. Dass ihr das Bild ihrer Kinder dabei dienen soll, mit der Trauer um ihr Kind umzugehen, liegt auf der Hand; dass ihr das fertige Gemälde schließlich nicht zusagt und dass es ihren Erwartungen nicht im Geringsten entspricht, sagt sie Max direkt ins Gesicht: »Das ist nicht das Bild, das ich bestellt habe.« Gekontert wird die Unzufriedenheit der Mutter durch die Zufriedenheit ihrer immer wieder mit ihr rivalisierenden bzw. gegen sie aufbegehrenden Tochter, die im Zentrum der Handlung und der folgenden Ausführungen steht. Ist die Musik und Tanz studierende junge Frau anfangs nicht eben davon angetan, dem mütterlichen Wunsch Folge zu leisten und den Maler aufzusuchen, so weiß sie, die der Tod Alexanders ebenfalls tief verwundet hat, die für die Porträterstellung nötigen Treffen mit Max bald schon sehr zu schätzen – aus gutem Grund. Schließlich erweist sich der schnell zum Freund und Vatersubstitut avancierte Eigenbrötler als ein kompetenter Trauertherapeut, der seine diesbezüglichen Kompetenzen, wie wir sehen werden, auch und vor allem über seine Kunst zum Einsatz bringt. Und noch ein kurzer Hinweis zu Lillis Vater, Thomas (Hanns Zischler): Dass er als Trauernder kaum Kontur gewinnt – nur ein einziges Mal sehen wir ihn weinend im Auto sitzen –, er stattdessen ganz in seiner Arbeit als renommierter Professor für Bionik aufzugehen scheint, sollte uns nicht verwundern, ist es doch nicht nur in westlichen Kulturkreisen üblich, dass die Trauer bevorzugt an weiblichen Figuren vorgeführt wird bzw. das Trauern als eine tendenziell *weibliche* Kulturtätigkeit gilt.[2]

Von dieser Warte aus operiert IM WINTER EIN JAHR demnach in sattsam bekannten Gefilden – ebenso wie eine ganze Reihe anderer den Tod junger Menschen (zumeist Söhne bzw. Brüder) thematisierender Trauerfilme bzw. sogenannter *missing child films*,[3] die das Kino der jüngeren Zeit hervorgebracht hat. Zu denken wäre beispielsweise an Pedro Almodóvars TODO SOBRE MI MADRE (ALLES ÜBER MEINE MUTTER, 1999), dessen Handlung sich vornehmlich um die mütterliche Trauer dreht, oder aber an Ragnar Bragasons erst kürzlich erschienenen MÁLMHAUS (METALHEAD, 2013), in dem analog zu Links Film die Trauer der Schwester des Verstorbenen dominant verhandelt wird.[4] Wie IM WINTER EIN JAHR rücken auch diese beiden Filme das aus den Fugen geratene Leben der Hinterbliebenen ins Zentrum, fokussieren auch sie deren Leiden am und Umgang mit dem Tod des geliebten Familienmitglieds. Kurz: Es geht in ihnen um das, was wir als Trauerarbeit zu bezeichnen gewohnt sind.

Eingeführt hat diesen Begriff Sigmund Freud, und zwar in seinem 1915 abgefassten, aber erst ein Jahr später publizierten metapsychologischen Beitrag *Trauer und Melancholie*. In ihm wird die Trauerarbeit als eine Art Befreiungsarbeit bzw. als ein intrapsychologischer Vorgang charakterisiert, der notwendig an den Ablauf von Zeit gekoppelt ist und an dessen

Ende idealiter ein wiederhergestelltes Ich steht – ein Ich, das sich durch den Abzug der libidinösen Besetzungen vom geliebten Objekt der durch den Verlust desselben verursachten Zumutungen soweit entledigt hat, dass ein zumindest äußerlich normales Leben erneut möglich ist.[5] Bekanntermaßen hat diese Position immer wieder Kritik provoziert, wurden Freuds Ausführungen zur gelingenden Trauerarbeit als allzu normativ empfunden. So lesen wir beispielsweise in *Die helle Kammer* (1980), Roland Barthes' fototheoretischer Reflexion über den Tod seiner Mutter: »Es heißt, die Trauer lösche durch ihre allmähliche Arbeit mit der Zeit den Schmerz aus; das konnte und kann ich nicht glauben, denn für mich tilgt die Zeit nur die Empfindung des Verlusts (ich weine nicht), mehr nicht. Ansonsten ist alles unbeweglich geblieben.«[6]

Das Kino freilich, und zumal das an innerer und äußerer Bewegung so sehr interessierte *classical cinema*, hat sich an einer derartigen Kritik so gut wie nicht beteiligt. Im Gegenteil: Es ist Freuds Konzeption der Trauerarbeit *grosso modo* gefolgt – zumindest stellt sich dieser Eindruck ein, wenn man die Geschichte des Trauerfilms vor dem inneren Auge Revue passieren lässt. Wundern sollten wir uns darüber natürlich nicht, ist es doch einfach zu naheliegend, die mit dem Begriff der Trauerarbeit verbundene »Vorstellung, daß im Trauern dem Subjekt ein aktives Verhalten abverlangt wird, daß es eine Leistung zu vollbringen hat«,[7] mit den narrativen Usancen des Aktionsbildes bzw. Handlungskinos zusammenzubringen, das heißt den Trauerprozess gemäß des Modells respektive im Gewand der Heldenreise in Szene zu setzen.[8] Entsprechend führt der Trauerfilm dem Zuschauer gewöhnlich vor, wie sich das durch einen Verlust in die Welt der Trauer geworfene Subjekt aus dieser hinaus- und in die Welt der Lebenden zurückkämpft, indem es ihm gelingt, »im eigenen Leben den Tod des Anderen zu beherbergen«.[9] Dies können wir in TODO SOBRE MI MADRE und MÁLMHAUS ebenso wie in IM WINTER EIN JAHR beobachten, der darüber hinaus mit seiner für Link typischen behutsamen Zugänglichkeit daran erinnert, was unter anderem Elisabeth Bronfen betont: die strukturelle Gemeinsamkeit von Trauerarbeit auf der einen und psychoanalytischem Prozess auf der anderen Seite.[10] Bei beiden spielt das Durcharbeiten der Erinnerungen und Erwartungen eine zentrale Rolle, bei beiden geht es darum, dass das betroffene Subjekt »wieder frei und ungehemmt«[11] leben kann – ein Ziel, das Links Protagonistin, wie wir sehen werden, am Ende erreicht.

II. Das unheimliche Bild

Nicht erst in *Trauer und Melancholie* hat sich Freud mit dem Phänomen »Trauer« beschäftigt. Er tat dies zuvor bereits in einer ganzen Reihe von Schriften, in *Zeitgemäßes über Krieg und Tod* (1915) etwa oder *Vergänglichkeit* (1916),[12] besonders prominent aber in *Totem und Tabu* (1912/13), seinem so außerordentlich kühnen Vorstoß in die Paläoanthropologie. Die entsprechenden Einlassungen finden sich in dessen zweiter Abhandlung, genauer: im Umfeld der Ausführungen zum Verhältnis der *Primitiven* zu ihren verstorbenen Familienangehörigen. Entscheidend geprägt werde dieses, so Freud, durch die stets vorhandene, allerdings im Unbewussten versteckte Antipathie den Toten gegenüber, die nicht, wie beim Neurotiker, zur Quelle der Selbstanklage wird, sondern stattdessen gleichsam externalisiert bzw. via Projektion den Verschiedenen unterstellt wird – mit der Folge, dass diese als Dämonen den Hinterbliebenen nach dem Leben trachten und von Letzteren gefürchtet und entsprechend tabuisiert werden. Erst das Ende der Trauer besorge ein Abklingen der Angst bzw. die Transformation der Verstorbenen in hilfreiche und verehrungswürdige Ahnen.[13]

Einige Jahre später kommt Freud auf seine in *Totem und Tabu* vorgestellten Überlegungen zurück, und zwar in seiner Abhandlung *Das Unheimliche* von 1919, dessen berühmte Behauptung – unheimlich sei »etwas dem Seelenleben von alters her Vertrautes, das ihm nur durch den Prozeß der Verdrängung entfremdet worden ist«[14] – er unter anderem anhand unseres mit Tod und Vergänglichkeit verbundenen Denkens und Fühlens belegt. Dieses sei »seit den Urzeiten«[15] weitgehend unverändert geblieben, wobei vor allem das Wissen von der Faktizität des Sterbenmüssens als Kernmoment des Realitätsprinzips in die phylogenetisch ältesten Bereiche unserer Psyche noch keinen Eingang gefunden habe.[16] »Da fast alle von uns in diesem Punkt noch so denken wie die Wilden«, so führt Freud seine Behauptung weiter, »ist es auch nicht zu verwundern, daß die primitive Angst vor dem Toten bei uns noch so mächtig ist und bereit liegt, sich zu äußern, sowie irgend etwas ihr entgegenkommt. Wahrscheinlich hat sie auch noch den alten Sinn, der Tote sei zum Feind des Überlebenden geworden und beabsichtige, ihn mit sich zu nehmen, als Genossen seiner neuen Existenz.«[17] Freuds These bezüglich der fortlebenden Archaismen im Verhältnis zum Tod und speziell der im modernen Menschen noch waltenden Angst vor den Verstorbenen wurde wiederholt bestätigt, so unter anderem von Werner Fuchs in dessen klassisch gewordener Studie *Todesbilder der modernen Gesellschaft* (1973). In ihr wird der apotropäische, gegen die von den Toten ausgehende Gefahr gewendete Charakter einer Vielzahl der Sepulkralpraktiken freigelegt und unter anderem auch das nach wie vor geltende *De mortuis nihil nisi bonum* diskutiert, die Verhaltensvorschrift also, in Nachrufen, Grabreden und Todesanzeigen von allen negativen Momenten abzusehen. In ihr »zeigt sich«, so Fuchs, »nicht nur fromme Pietät, sondern untergründige Angst vor den Toten. Ihre Rache und ihr schädigender Eingriff in die Welt der Lebenden muß durch rituelle Lobpreisung abgewehrt werden.«[18]

Rücken wir vor der Folie des Gesagten den Trauerprozess Lillis genauer in den Fokus, dann tritt dessen strikt freudianische Modellierung in geradezu plakativer Weise hervor. Besonderes Augenmerk verdient in diesem Zusammenhang natürlich die Tatsache, dass die Protagonistin mehrfach im Verlauf der Handlung meint, ihren Bruder zu sehen, und zwar *in realiter*, sei es vor einem Café, im Fernsehen oder aber in der Fußgängerzone. Angesichts der Tatsache, dass Lillis und Alexanders Verhältnis, wie wir erfahren, ein sehr enges war, wird man zunächst einmal von einem, wie es bei Freud heißt, »Festhalten des Objekts durch eine halluzinatorische Wunschpsychose«[19] sprechen können, die Erscheinungen also als Ausdruck von Lillis Sträuben begreifen, ihre einstige Libidoposition zu verlassen. Doch müssen wir mit Freud darüber hinaus von Folgendem ausgehen: Die Wiederkehr ihres Bruders ist auch Ausdruck der – keineswegs nur unbewussten – Antipathie gegenüber Alexander, das heißt, sie verdankt sich der Tatsache, dass ein Teil von Lillis Seele den Tod des Bruders immer schon verlangt hat und nun entsprechend befriedigt ist. Um die Bewusstwerdung dieses zutiefst anstößigen Begehrs zu verhindern, wird die Feindseligkeit, wie wir es in *Totem und Tabu* von den *Primitiven* erfahren haben, ausgelagert und auf den Bruder projiziert, und so avanciert dieser in den Augen der Heldin zu einem Verfolger, der sie mit zu sich ins Jenseits zu nehmen trachtet. Dass er seinen initialen Auftritt just in dem Moment hat, als Lilli im Café auf ihr erstes Date mit dem attraktiven Aldo (Mišel Matičević) wartet, sie also gerade im Begriff ist, ihre Libidoökonomie zugunsten eines neuen Objekts zu revidieren, wird somit kaum als Zufall bezeichnet werden können. Man könnte sagen: Wie ein eifersüchtiger Ex-Partner erhebt Alexander noch immer Besitzansprüche an Lilli, die sich aufgrund ihrer durch den Tod des Bruders entstandenen Verlustangst aber ohnehin als unfähig erweist, eine ausgeglichene Partnerschaft zu führen. Folglich geht die Beziehung zu Aldo, der sich durch ihr übersteigertes Nähebedürfnis allzu sehr beengt fühlt, bereits nach kurzer Zeit in die Brüche, was die sich erneut verlassen wähnende Protagonistin in tiefste Verzweiflung stürzt. Nun sieht Alexander seine große Chance gekommen und erscheint ihr plötzlich im Kontext einer zufällig im Fernsehen laufenden Sitcom, wobei er sie mit dem Messer in der Hand dazu ermuntert, den entscheidenden Schritt bzw. Schnitt zu tun. Ein just in diesem Moment erfolgender Anruf von Max, der die Hoffnungslosigkeit Lillis zu spüren scheint, verhindert das Schlimmste. Mit dem einigermaßen nach Vorwand klingenden Hinweis, es gebe »ein Problem mit dem Bild«, sorgt der Maler dafür, dass sich seine *Patientin* dem Zugriff ihres Bruders entzieht und sich stattdessen in sein Atelier begibt, wo es die entscheidende therapeutische Sitzung zu absolvieren, das entscheidende Gespräch über ihre Trauer zu führen gilt. Wenn auch nicht während desselben, so immerhin nach diesem sehen wir die Heldin passenderweise auf *dem* Möbel der Analyse liegen, der Couch.

Als Ausgangspunkt und zugleich visuelles Zentrum des Gesprächs dient das ausgesprochen dunkel gehaltene Doppelporträt, das übrigens, wie Max' andere Bilder auch, von dem seit jeher eng mit der Filmbranche verbundenen Münchner Maler Florian Süssmayr stammt. Es zeigt zu diesem Zeitpunkt die beiden Geschwister gemeinsam am Klavier: Lilli links, spielend und den Betrachter direkt anblickend, Alexander rechts, aufs Instrument gestützt, die Augen auf seine Schwester gerichtet. Ob es sich für sie »richtig anfühl(e)«, fragt Max, der das Unwohlsein der Protagonistin angesichts des Bildes nur allzu klar erkennt, ihr als der gute Therapeut, der er ist, ihre rhetorischen Ausweichmanöver aber nicht durchgehen lässt: »Jetzt sag's!«, fordert er, sie plötzlich duzend, ihre wahre Meinung. Nun erst gesteht sie, ihr sei das Gemälde »unheimlich«, wobei ihre sich anschließende Erläuterung mit den oben vorgestellten Überlegungen Freuds zum Unheimlichen ganz und gar konform geht: »Das sieht aus, als ob er was von mir will, und ich merk' das gar nicht. (...) Genauso fühl'

Das unheimliche Bild

ich mich in letzter Zeit: als wenn er mich verfolgt. Manchmal wach' ich nachts auf und hab' das Gefühl, er steht neben meinem Bett oder im Zimmer, also nicht der echte Alexander, aber das Gefühl von jemandem, der im Raum ist. Das fühlt sich furchtbar an. Das ist, als ob er 'ne Tür aufgemacht hätte und ich krieg' die nicht mehr zu. Wie so eine Tür in so 'nem Flugzeug, wo Fallschirmspringer rausspringen. Die Tür ist offen und zieht mich an, auch rauszuspringen. Ich könnte es, ist ganz leicht. Ist nur 'ne Frage von ein paar Sekunden. Ich glaub', das meine ich, wenn ich sage, dass er mich verfolgt oder zieht oder stößt oder so.« Während Lilli diese Worte spricht, nähert sich ihr die Kamera in einer langsamen Fahrt, bis am Ende fast nur mehr ihr Kopf zu sehen ist, der vom tiefen Schwarz des nahezu monochrom gehaltenen Hintergrunds vollständig eingefasst ist. Ihre Todessehnsucht erhält dadurch einen markanten Ausdruck.

Max wiederum – darum bemüht, seine *Patientin* dem Schwarz zu entreißen – tritt ihren Ausführungen entschieden entgegen und wird hierbei gleichsam zum Sprachrohr der Trauer, die, wie es in *Trauer und Melancholie* heißt, »das Ich dazu bewegt, auf das Objekt zu verzichten, indem es das Objekt für tot erklärt und dem Ich die Prämie des am Leben Bleibens bietet«.[20] Man könnte also behaupten, durch die Trauer werde der »Verlust des Objekts nicht nur als real bestätigt, sondern psychoökonomisch überhaupt erst vollstreckt«.[21] Ebendies nun, das Verlorengeben des verloren gegangenen Objekts, verlangt Max der Heldin ab, wobei er auf eine strikte kategoriale Trennung zwischen Lebenden und Toten insistiert, die sein Gemälde, indem es Lilli und ihren verstorbenen Bruder auf ein und derselben ontologischen Ebene vorführt, freilich noch leugnet. Oder anders formuliert: Gerade das, was Max und mit ihm die Trauer Lilli zu akzeptieren heißen – nämlich, dass Alexander unwiderruflich tot, sie aber am Leben ist –, gibt sein Bild im gegenwärtigen Zustand noch nicht heraus. Es würdigt den Toten nicht als Toten, sondern hält ihn stattdessen an der Seite seiner Schwester präsent. Dringend geboten ist demnach eine Bildrevision, die denn auch schon kurze Zeit später erfolgt. Wie wir im Folgenden sehen werden, leitet sie bei der Protagonistin das Gelingen der Trauerarbeit ein.

III. Das richtige Bild

Mag es auch nicht das Bild sein, das Eliane bestellt hat, so handelt es sich bei Max' Porträt der beiden Richter-Kinder am Ende gewiss um ein Bild, das bezogen auf die psychische Realität der trauernden Familie und spe-

Das richtige Bild

ziell Lillis »richtig« ist, wie dies der Maler ausdrücken würde. Dies ist es insofern, als es die vom Verstorbenen ausgehende Gefahr bannt, und zwar, indem es diesen in einen Rahmen einfasst bzw. einkapselt, ihn arretiert und dadurch seine Macht gleichsam einhegt.

Erinnern wir uns in diesem Zusammenhang an die Inselmetapher, die sowohl von Georg Simmel als auch José Ortega y Gasset bemüht wird, um das selbstgenügsame »Für-sich-Sein«[22] des Gemäldes zu profilieren. Letzteres ruht »wie eine Insel in der Welt«[23] bzw. stellt »eine imaginäre Insel« dar, »die rings von Wirklichkeit umbrandet ist«,[24] wobei die Aufgabe, die »Abtrennung des Bildes von allem Ringsumher«[25] zu betonen, dem als »Isolator«[26] fungierenden Rahmen obliegt. Das Gesagte in Rechnung gestellt, darf konstatiert werden, über seine Bildwerdung bzw. als Bild im Bild ist Alexander als der seine Schwester Heimsuchende unschädlich gemacht worden. Max bestätigt diese Interpretation, indem er auf Elianes Frage nach dem Warum der Rahmensetzung wie folgt antwortet: »Es ist besser so. Alexander hat Lilli bedroht« – Worte, die das visuell ohnehin Evidente noch einmal verbalisieren und ob ihrer unnötigen Explizitheit wohl aus dem Drehbuch hätten gestrichen werden sollen.

Nur am Rande sei der in diesem Zusammenhang natürlich keineswegs unerhebliche Umstand erwähnt, dass das Konterfei des eingefassten Alexanders auf einem Foto beruht, welches Max mit dem Pinsel auf die Leinwand übertragen hat, und zwar auf eine Art und Weise, dass es auf dem – damit als intermedial zu bezeichnenden – Gemälde dezidiert als Foto in Erscheinung tritt. Das heißt, es ist sowohl bei der Bildgenese als auch bei der Bildwirkung ein Medium mit im Spiel, dessen inniges Verhältnis zu Tod und Sterblichkeit, vor allen Dingen aber dessen mortifizierendes Potenzial sattsam bekannt ist und von der Fototheorie – man denke neben Barthes an Susan Sontag, Philippe Dubois und Christian Metz – entsprechend reflektiert wurde.[27] Demnach könnte man den Sachverhalt wie folgt zuspitzen: Nur als ein Toter, über dessen Gestorbensein keinerlei Zweifel besteht, findet Alexander Einlass in den Raum des Gemäldes.

Wie oben bereits angemerkt wurde, ist Lilli von dem fertigen Gemälde ausgesprochen angetan, wobei der nachfolgende Handlungsverlauf unschwer zu erkennen gibt, dass sie die Botschaft des Bildes als eine Art Anleitung zur Trauerbewältigung begreift. Entsprechend gilt es für sie, den Toten auch *in realiter* in die Schranken zu weisen, was wiederum zweierlei erforderlich macht: *erstens*, dass sich die Heldin ihre vormalige Antipathie gegenüber ihrem Bruder, das heißt besonders ihren ihm geltenden Neid, eingesteht (und sie damit zumindest implizit die Freud'sche Erkenntnis bezüglich der Genese der bedrohlichen Toten an sich heranlässt); *zweitens*, dass sie die durch Max ins Bild gesetzte Unschädlichmachung Alexanders in der ihr zentral zugewiesenen Kunst gleichsam nachvollzieht. Dass es sich dabei um den Tanz handelt, passt natürlich nur allzu gut ins Bild. Immerhin ist es die »Beredsamkeit des Leibes«,[28] sind es demnach vor allen Dingen die körpersprachlichen Gesten, mit denen die mit dem Topos der Unsagbarkeit und Unaussprechlichkeit des Schmerzes verbundene Trauer in besonderem Maße korreliert.[29] Und so werden wir Zeuge, wie die Protagonistin allein die Balletthalle aufsucht, um dort eine betont freie Choreografie zu tanzen, die mit einer Reihe offenkundiger Flucht-, Abwehr- und Angriffsbewegungen aufwartet und unmissverständlich als Ausagieren von Lillis Befreiung verstanden werden will. Erschöpft liegt die Heldin schließlich am Hallenboden, den Blick an die Decke gerichtet. Das Lächeln, das ihre Züge umspielt, wirkt erleichtert und bestätigt uns, dass sie sich den Trauerschmerz förmlich aus dem Leib getanzt hat.

Die Zeit für den Abschied von Max ist demnach gekommen, ihre Therapie zu einem glücklichen Ende gebracht. Dass hierüber keinerlei Zweifel besteht, führt uns prägnant die finale Einstellung des Films vor Augen, die uns Lilli in der vorweihnachtlichen Münchner Fußgängerzone zeigt: Nachdem sie eine Art Zwiesprache mit ihrem verstorbenen Bruder gehalten und sich mit ihm versöhnt hat, ihr die »Integration des Verlusts ohne Verlust am Ich«[30] folglich gelungen ist, geht die Heldin im Kollektiv der Passanten auf und damit in den Fluss der Lebenden bzw. des Lebens ein.

Lilli (Karoline Herfurth) geht in den Fluss der Lebenden bzw. des Lebens ein

1 Johann Wolfgang von Goethe, *Die Wahlverwandtschaften* (1809), in: Ders., *Die Leiden des jungen Werthers. Die Wahlverwandtschaften. Kleine Prosa. Epen*, Frankfurt am Main 2006, S. 269–529, hier S. 403 f. — **2** Vgl. hierzu *Trauer tragen – Trauer zeigen. Inszenierungen der Geschlechter*, hg. von Gisela Ecker, München 1999. Stellt man in Rechnung, welcher Tätigkeit die einzelnen Familienmitglieder nachgehen – Thomas ist Naturwissenschaftler, Eliane Innenarchitektin, Lilli Tänzerin, Pianistin und Sängerin –, so wird man behaupten dürfen, dass IM WINTER EIN JAHR auch in dieser Hinsicht reichlich geschlechterrollenkonform aufgestellt ist. — **3** Zum *missing child film* vgl. Emma Wilson, *Cinema's Missing Children*, London/New York 2003. — **4** Auch Lars von Triers ANTICHRIST (2009) gibt sich zunächst den Anschein, in diese Tradition hineinzugehören. Freilich erfahren wir gegen Ende des Films, dass es sich bei der vermeintlich ihren Sohn trauernden Mutter bloß um eine Besessene, bei dem vermeintlichen Trauerfilm also bloß um einen – im Übrigen reichlich missratenen und misogynen – Horrorfilm handelt. — **5** Vgl. Sigmund Freud, »Trauer und Melancholie« (1916), in: Ders., *Gesammelte Werke*, Bd. 10, Frankfurt am Main 1999, S. 427–446, hier S. 430, S. 439 und S. 442. — **6** Roland Barthes, *Die helle Kammer. Bemerkung zur Photographie*, 15. Aufl., Frankfurt am Main 1989, S. 85. Vgl. zudem Jacques Derrida, »Kraft der Trauer. Die Macht des Bildes bei Louis Marin«, in: *Der Entzug der Bilder. Visuelle Realitäten*, hg. von Michael Wetzel und Herta Wolf, München 1994, S. 13–35, hier S. 15, vor allen Dingen aber Burkhard Liebsch, *Revisionen der Trauer. In philosophischen, geschichtlichen, psychoanalytischen und ästhetischen Perspektiven*, Weilerswist 2006, S. 31–33, passim. — **7** Gisela Ecker, »Trauer zeigen. Inszenierung und die Sorge um den Anderen«, in: *Trauer tragen – Trauer zeigen. Inszenierungen der Geschlechter*, hg. von Gisela Ecker, München 1999, S. 9–25, hier S. 20. — **8** Vgl. hierzu Michaela Krützen, *Dramaturgie des Films. Wie Hollywood erzählt*, Frankfurt am Main 2004. — **9** Liebsch, *Revisionen der Trauer* (s. Anm. 6), S. 13. — **10** Vgl. Elisabeth Bronfen, »Mourning becomes Hysteria. Zum Verhältnis von Trauerarbeit zur Sprache der Hysterie«, in: *Trauer tragen – Trauer zeigen. Inszenierungen der Geschlechter*, hg. von Gisela Ecker, München 1999, S. 31–55, hier S. 32. — **11** Freud, »Trauer und Melancholie« (s. Anm. 5), S. 430. — **12** Vgl. Sigmund Freud, »Zeitgemäßes über Krieg und Tod« (1915), in: Ders., *Gesammelte Werke*, Bd. 10, Frankfurt am Main 1999, S. 323–355, hier S. 347 sowie Sigmund Freud, »Vergänglichkeit« (1916), in: Ders., *Gesammelte Werke*, Bd. 10, S. 357–361, hier S. 359 f. — **13** Vgl. Sigmund Freud, *Totem und Tabu. Einige Übereinstimmungen im Seelenleben der Wilden und der Neurotiker*, Frankfurt am Main 1999, S. 66–83 sowie Ders., »Zeitgemäßes über Krieg und Tod« (s. Anm. 12), S. 347. — **14** Sigmund Freud, »Das Unheimliche« (1919), in: Ders., *Gesammelte Werke*, Bd. 12, Frankfurt am Main 1999, S. 227–268, hier S. 254. — **15** Ebd., S. 255. — **16** Vgl. ebd., darüber hinaus aber auch Liebsch, *Revisionen der Trauer* (s. Anm. 6), S. 130. — **17** Freud, »Das Unheimliche« (s. Anm. 14), S. 255 f. — **18** Werner Fuchs, *Todesbilder in der modernen Gesellschaft*, Frankfurt am Main 1973, S. 144–145. — **19** Freud, »Trauer und Melancholie« (s. Anm. 5),

S. 430. — **20** Ebd., S. 445. Vgl. zudem ebd., S. 442. — **21** Liebsch, *Revisionen der Trauer* (s. Anm. 6), S. 90. — **22** Georg Simmel, »Der Bildrahmen. Ein ästhetischer Versuch« (1902), in: Ders., *Aufsätze und Abhandlungen 1901–1908: Band 1*, Frankfurt am Main 1995, S. 101–108, hier S. 103. — **23** Ebd., S. 104. — **24** José Ortega y Gasset, »Meditation über den Rahmen« (1921), in: Ders., *Triumph des Augenblicks, Glanz der Dauer. Auswahl aus dem Werk*, Stuttgart 1983, S. 63–70, hier S. 67. — **25** Simmel, »Der Bildrahmen« (s. Anm. 22), S. 103. — **26** Ortega y Gasset, »Meditation über den Rahmen« (s. Anm. 24), S. 68. — **27** Glänzend referiert wird der entsprechende Diskursstrang in Matthias Christen, »›All photographs are memento mori‹. Susan Sontag und der Tod in der Fototheorie«, in: *Fotogeschichte* 32 (2012), H. 126, S. 23–36. Vgl. darüber hinaus Jörn Glasenapp, »Der Beweis, das Schweigen, der Gebrauch und der Tod. Vier Streifzüge durch die Fototheorie«, in: *Bildwerte. Visualität in der digitalen Medienkultur*, hg. von Gundolf S. Freyermuth und Lisa Gotto, Bielefeld 2013, S. 71–101, hier S. 93–97. — **28** Vgl. *Die Beredsamkeit des Leibes. Zur Körpersprache in der Kunst*, hg. von Ilsebill Barta Fliedl und Christoph Geissmar, Salzburg/Wien 1992. — **29** Vgl. hierzu Ecker, »Trauer zeigen« (s. Anm. 7), S. 17. — **30** Gisela Ecker, »Von *Kaddisch* zu *Testimony*. Trauer im jüdischen Kontext«, in: *Trauer tragen – Trauer zeigen. Inszenierungen der Geschlechter*, hg. von Gisela Ecker, München 1999, S. 181–196, hier S. 182.

Corina Erk

Ein Roadmovie in einem fremden Land
Zu Caroline Links Vater-Sohn-Drama EXIT MARRAKECH

I. Blick auf den Film

Eine Charakterisierung von Ben (Samuel Schneider), dem Protagonisten von Caroline Links EXIT MARRAKECH (2013), liest sich wie folgt: 17 Jahre, ein sensibles Scheidungskind mit Sinn für die Natur, quasi noch ein Zahnspange tragender Junge, Diabetiker auf Identitätssuche, mit einer latent überprotektiven Teilzeit-Mutter (Marie-Lou Sellem), die als gefragte Cellistin weltweit unterwegs ist und den Sohn daher telefonisch zu überwachen versucht. Dieser erweist sich als wohlstandsverwahrloster Internatsschüler und ambitionierter Nachwuchsautor. Er soll die Sommerferien bei seinem egomanen Vater (Ulrich Tukur) verbringen, einem ihm reichlich unbekannten Vater, von dem er nicht nur durch das Leben auf verschiedenen Kontinenten getrennt ist.

Dieser in Bens Leben bisher weitgehend absente Vater (»Du hast es ja auch ohne mich geschafft, das Groß-Werden. Eigentlich habe ich dich komplett verpasst, deine ganze Kindheit. Jetzt brauchst du mich auch nicht mehr.«) ist als erfolgreicher Theaterregisseur auf den Bühnen der Welt zu Hause statt in einem trauten Heim. In Marrakech, der »Perle des Südens« im Südwesten Marokkos, einer ehemals vor allem von Frankreich dominierten Kolonie, nimmt der Vater mit dem sehr deutsch klingenden *telling name* Heinrich im Rahmen des deutsch-marokkanischen Kulturaustauschs an einem internationalen Theaterfestival teil. Als Verkörperung bürgerlich-aufklärerischer Kultur inszeniert er dort Lessings *Emilia Galotti*, für Ben »deutsche Klassikerscheiße«.

Ben, der ewige Sohn,[1] durchaus sinnlich und lebenshungrig, und sein Gegenpart, der verkopfte Heinrich, kennen sich als Vater und Sohn im Grunde nicht, sind sich fremd und gehen von Anfang an auf Konfrontationskurs. Während Ben auf dem Skateboard durch Marrakech streift, mit den Einheimischen Kontakt aufnimmt und sich in die Prostituierte Karima (Hafsia Herzi) verliebt, der er ins Atlasgebirge folgt, bleibt der weltfremde Heinrich hinter den ghettoartigen Mauern seines von westlicher Dekadenz geprägten Hotels, denn, so Heinrich: »Manchmal ist die Fantasie eben spannender als die Realität.«

Der Sohn zwingt den Vater jedoch zum Verlassen seiner Komfortzone, sodass die beiden einander nach einer geografischen wie emotionalen Irrfahrt durch die marokkanische Wüste – einer Grenzüberschreitung heraus aus dem Bekannten hinein ins Unbekannte im doppelten Sinne – letztlich näherkommen. Am Schluss scheinen sowohl Vater als auch Sohn in diesem Roadmovie eine Art Adoleszenzprozess durchlaufen zu haben.[2]

Die Familie ist Caroline Links Grundthema, verbunden mit einer realistischen Erzählweise, die zwischen pragmatischem Filmemachen und poetischem Anspruch schwankt. All ihre Filme – von JENSEITS DER STILLE (1996) und der Erich-Kästner-Verfilmung PÜNKTCHEN UND ANTON (1999) über das Stefanie-Zweig-Drama einer vor dem Holocaust geflohenen Familie, NIRGENDWO IN AFRIKA (2001), bis hin zu IM WINTER EIN JAHR (2008) – führen ihr Kernmotiv variiert vor Augen: »Die Qualen der Pubertät, die Unruhe und das Leid der ersten großen Verliebtheit, die Befreiung aus komplizierten Familienverstrickungen, das sind die Themen der Regisseurin Link.«[3]

So verwundert es nicht, dass auch in EXIT MARRAKECH das Familienmotiv im Zentrum steht, zitiert Bens väterlicher Schuldirektor Dr. Breuer (Josef Bierbichler) doch zu Filmbeginn aus Leo Tolstois *Anna Karenina*: »Alle glücklichen Familien sind einander ähnlich, jede unglückliche Familie ist unglücklich auf ihre Weise.« Zugleich gibt der Rektor Ben in dieser programmatischen Prologszene eine Entdeckermission für seinen Aufenthalt in Marokko mit auf den Weg: »Mach was aus deiner Marokko-Reise. Schau zu, dass du was erlebst.« EXIT MARRAKECH erweist sich demgemäß als Roadmovie.

Als in einer ehemaligen Kolonie angesiedelter Film – mehr als zehn Jahre nach NIRGENDWO IN AFRIKA hat Link wieder einen Afrika-Film vorgelegt – sieht sich EXIT MARRAKECH überdies mit den in ihm und durch ihn (re-)präsentierten Bildern des Anderen konfrontiert. Über das Orientbild dieses (Selbst-)Entdeckungsdramas soll im Folgenden ausführlicher gesprochen werden. Zunächst sei jedoch ein schlaglichtartiger Überblick über die Aufnahme des Films in den Feuilletons gestattet, der einiges darüber aussagt, welche Selbst- und Fremdbilder westliche Kritiker mit EXIT MARRAKECH verbinden. Die Rezensionen fielen zumeist negativ aus:[4] Die Rede ist etwa von einem handlungsarmen, »austauschbaren Fernsehfil(m)«[5] oder von einer nur allzu früh durchschaubaren Geschichte[6] mit »simpel gestrickt(en)«[7] Figuren und einem »formelhafte(n) Drehbuch (…), das viel behauptet und wenig zu sagen hat«.[8] Insbesondere das Marokkobild des Films gerät dabei ins Schussfeld, biete EXIT MARRAKECH doch eine »naive Sicht auf Stadt und Land, die selten mehr als touristische Schauwerte aufzuzeigen weiß«.⁹ Letztlich erweise sich die marokkanische Wüste lediglich als Kulisse für ein Vater-Sohn-Drama: »Zwar gibt sie (Caroline Link, Anm. C. E.) sich viel Mühe, auch den *culture clash* darzustellen, indem sie den Umgang von Vater und Sohn mit der Fremde konträr gestaltet. Doch sie bleibt an der Oberfläche; es überwiegt schön fotografierte Postkarten-Idylle. Kulturelle oder gesellschaftliche Konflikte deutet Regisseurin Link nur an, sogar das schwierige Vater-Sohn-Verhältnis wird erst im letzten Drittel wirklich ausgebreitet. Als Zugeständnis an den Schauplatz bevölkern patriarchalische Männer, korrupte Polizisten, herzige Kinder und wilde Frauen die Geschichte, die ebenso gut in jeder beliebigen Kleinstadt spielen könnte. Aber natürlich ist es hübscher, durch die Sahara anstelle des Sauerlands zu fahren und dabei noch ein paar Beduinen zu beobachten. Das sieht gut aus, trägt aber keine zwei Stunden Laufzeit.«¹⁰

Wie die folgenden Ausführungen zeigen werden, fällt der Konnex von Familiendrama, Roadmovie und Orientbild(ern) in EXIT MARRAKECH gleichwohl komplexer aus, als dies von den hier durchaus pointiert ausgewählten Rezensentenstimmen dem Film attestiert wurde.

II. EXIT MARRAKECH als Roadmovie im Familiensetting

In erster Linie ist EXIT MARRAKECH, wie etliche Link-Filme zuvor, etwa JENSEITS DER STILLE oder IM WINTER EIN JAHR, eine als Familiendrama konzipierte Coming-of-Age-Story, denn fremd ist für Ben nicht nur das ihm unbekannte Land, fremd ist ihm auch und vor allem sein Vater. Beide stellen überdies Verkörperungen zweier Pole dar: Der nach Realitäts-

Familiendrama: Vater Heinrich (Ulrich Tukur) und Sohn Ben (Samuel Schneider) sind sich fremd

erfahrungen gierende Lebenshunger Bens trifft auf die von Ratio dominierte Kunstwelt des Vaters. Dessen ungeachtet streben beide in diesem filmischen Psychogramm danach, in ihren Rollen vom jeweils anderen (an-)erkannt zu werden.

Wie in nahezu allen Filmen Christian Petzolds fungiert auch in Links Film das Auto, in dem Ben und Heinrich durch die Wüste fahren und in dem sie infolge eines Autounfalls die Masken ablegen (müssen), als Druckkammer, hier für die Konfrontation zwischen Vater und Sohn, denn »the road represents (…) a meeting place of clashing or contradictory elements«.[11] EXIT MARRAKECH erweist sich folglich als Roadmovie auf zwei Ebenen: als Reise der beiden Protagonisten durch ein ihnen fremdes Land, das Heinrich sobald als möglich in Richtung »Zivilisation« wieder verlassen möchte, sowie als Reise in die mit Emotionen aufgeladene Familienvergangenheit.

Das Kino »als Reise durch Raum und Zeit«[12] wiederum korrespondiert mit dem Genre Roadmovie idealiter.[13] Es existiert eine scheinbar schon immer vorhandene, logische Beziehung zwischen dem Medium Film als Bewegtbild, das einer zeitlichen und räumlichen Progression folgt, und der Straße, die ebenfalls diesen Prämissen zufolge gebaut ist. Die Filmrolle wird zur medialen Straße, die Straße zum Kernelement des Roadmovie; beide, sowohl Film als auch Auto, sind dabei Phänomene der Moderne.

Zugleich erweist sich wie in etlichen anderen Roadmovies[14] auch in Links EXIT MARRAKECH das Abschreiten der Außenwelt als Abschreiten der Seelenlandschaft der Filmfiguren.[15] Auch bei Ben und Heinrich ist die gemeinsame Reise durch die Landschaft Marokkos, das wortwörtliche On-the-Road-Sein, »Flucht und Suche zugleich«:[16] Flucht voreinander und vor sich selbst sowie vor einer Anagnorisis als Vater und Sohn und gleichzeitig Suche nach diesen sinnstiftenden Rollenidentitäten.

Die Rebellion des Jugendlichen Ben gegen den saturierten, bürgerlichen Kulturschaffenden Heinrich und sein Freiheitsdrang zeigen sich in der demonstrativen Ablehnung dem Vater gegenüber sowie in den Ausbrüchen des Sohns aus den konventionellen Verhaltensmustern desselben; vor allem aber zeigen sie sich in seiner romantisch grundierten Liebe zur marokkanischen Prostituierten Karima sowie in seinen Erkundungsstreifzügen durch Marrakech, die der Vater aus Angst vor dieser scheinbar feindlichen Außenwelt ablehnt.

Das Durchschreiten fremder Räume wird dabei im Film von einem kulturellen Eintauchen in dieselben ebenso begleitet wie von einer emotionalen Reise durch die Vater-Sohn-Beziehung. Insofern ist das auch in diesem Roadmovie im Fokus stehende Motiv des Reisens in EXIT MARRAKECH auf mehreren Ebenen zu finden: erstens als physische Reise Bens von Deutschland nach Marokko; zweitens als eine eben solche vom urbanen Raum Marrakechs in die Weite der marokkanischen Wüste; und drittens als emotionale Reise von Vater und Sohn zueinander, an deren Ende nach einer Suche in Raum (Marokko) und Zeit (Familienvergangenheit) eine Identitätsveränderung der beiden Protagonisten steht.

Indem sich Ben an seinem zuvor absenten Vater nun realiter abarbeitet, bestimmt er sich in seiner gesellschaftlichen Rolle als Sohn und junger Erwachsener ebenso, wie er Heinrich die Funktion des Vaters zuschreibt, die dieser nur widerwillig anzunehmen beginnt. Aus Bens anfänglicher Konfrontationshaltung Heinrich sowie einer reglementierten Gesellschaft gegenüber konstituiert sich im Laufe des gemeinsamen Unterwegsseins, das sich als Suche nach einer emotionalen Bindung der beiden zueinander gestaltet, eine Rollenzuschreibung und -annahme als Vater und Sohn gemäß der »couple structure«[17] des Roadmovie.[18]

Konform mit den Genremerkmalen versucht Ben infolge seines Freiheitsdrangs einen Ausbruch aus der Gesellschaft – hier repräsentiert in Form der Familienbande sowie anhand der kritisch beäugten Liebesbeziehung zwischen einer marokkanischen Prostituierten und einem europäischen Jugendlichen aus gutem Hause –, wie er nach einer Rolle in ihr sucht. Gerade die auch erotisch grundierte Bindung an Karima wird für Ben zur Adoleszenzerfahrung. Die Spannung zwischen Rebellion und Konformität,[19] die sich in der Figur Ben artikuliert, tritt bei dieser Romanze besonders deutlich zutage: Mittels der Verbindung zu Karima versucht Ben, sich von Heinrich abzugrenzen. Zugleich jedoch reproduziert er mit dem Ideal der scheinbar romantischen Liebe konventionelle gesellschaftliche Muster.[20]

Dem folgend nimmt EXIT MARRAKECH als Roadmovie weniger das motorisierte Vehikel im Sinne einer Fetischisierung des Reisens in den Kamerablick oder zeigt, quasi als Gegenbewegung zum Western,[21] die »Erosion«[22] der Zivilgesellschaft oder den vollständigen Bruch zwischen Vater und Sohn im Sinne einer Rebellionsgeste von Letzterem. Vielmehr geht es, typisch für Caroline Link, um den persönlichen, letztlich versöhnlichen Blick auf die Familie. Diese ist hier zwar, ähnlich wie in PÜNKTCHEN UND ANTON oder IM WINTER EIN JAHR, eine zunächst defizitäre, mündet zum Schluss des Films aber durchaus in eine von allen Familienmitgliedern wohlwollend angenommene Beziehungsstruktur, denn am Ende ist der jugendliche Held Ben wieder im Familienkontext angekommen.

Das Auto erfüllt in EXIT MARRAKECH dabei zwei Funktionen: Erstens ist es Ausdruck von Bens Ablösungsprozess, insbesondere wenn er selbst hinter dem Steuer sitzt. Das Transportmittel visualisiert als Signum von Mobilität im Filmbild Momente von Freiheit.[23] Technikbegeisterung, Freiheitsdrang, Selbstwirksamkeitserfahrung, Erfolgserlebnis, Unabhängigkeitsgefühle, Erwachsensein und damit Loslösung vom Vater gehen hierbei ineinander über. Für den zuckerkranken Jugendlichen wird das Auto, wie David Laderman dies nennt, zumindest kurzzeitig ein »prosthetic limb«[24] und letztlich sogar lebensrettend. Die Abhängigkeit seiner Identität vom Fortbewegungsmittel Auto korreliert zweitens mit dem Zueinanderfinden von Vater und Sohn infolge des Autounfalls und der Rettung Heinrichs durch den unterzuckerten Diabetiker Ben. So lässt sich für EXIT MARRAKECH wie für etliche andere Roadmovies konstatieren: »The road trip epitomizes the linkage between the two: spatial mobility (...) has often been understood as a way to achieve a range of other mobilities, from the social and economic to the physical and sexual.«[25]

Denn bis dahin fungiert vor allem die episodische, erotisch aufgeladene Begegnung mit Karima für Ben als Katalysator seiner Emanzipationsbestrebungen wie seiner Adoleszenzerfahrungen.[26] Im Dorf ihrer Familie im Atlasgebirge wähnt er sich an einem sicheren Rückzugsort vor den Regulationsbestrebungen des Vaters, denn »(t)he traveler seeks to be incorporated with a new corpus, be it spatial, social, or personal«.[27] Heinrich wiederum wird erst durch den Fluchtversuch seines Sohnes und dessen infolge seiner Diabeteserkrankung sich verschlechternden Gesundheitszustands während ihrer Fahrt durch die Wüste zu einer Auseinandersetzung mit der Außenwelt gezwungen, die er zuvor, abgeschottet im Kulturbetrieb und hinter den Mauern seines Luxushotels, abgelehnt hatte.

Der urbane Raum Marrakechs mit seinen belebten Bazaren, den Partys im Kulturbetrieb sowie in der Schwulenszene oder den Niederungen der Prostitution wird im Film mit dem Landleben von Karimas Familie kontrastiert, indem die Menschen der modernen Zivilisation den Hüttenbewohnern in der Wüste gegenübergestellt werden. Diese sanktionieren aus Angst vor dem Einkommensverlust, der sich aus einer eheähnlichen Verbindung von Ben mit Karima ergeben würde, die Beziehung zu dem weißen Europäer. Bens recht diffuser Freiheitsdrang und sein Streben nach Selbstwirksamkeitserfahrungen machen EXIT MARRAKECH jedoch nicht zu einem Film, der von gesamtgesellschaftlichen, politischen oder kulturellen Krisen erzählen würde; stattdessen handelt es sich bei Links bislang letzter Regiearbeit um einen mit dem Genre Roadmovie spielenden Krisenfilm im Familiensetting.

Bens »Wille zum Aufbruch, um Äußeres neu wahrzunehmen, auf dass sich auch Inneres veränder(e)«,[28] bezieht sich folglich – gemäß des von Männerfiguren dominierten Genres[29] – vor allem auf die Positionen von Vater und Sohn im Familienverband. Die Ebene der physischen Reise, weg aus der Stadt hinein in die Wüste, korrespondiert dementsprechend mit einer emotionalen Reise, weg von einer Rivalität zwischen Ben und Heinrich – Letzterer tut die Kurzgeschichten des Sohnes »über (s)eine zerrüttete Familie« als »ein bisschen sentimental« ab – hin zu einer auf Konsens ausgelegten Rollenverteilung innerhalb der Familie. Die Folgen dieser Reise wirken sich unmittelbar auf die Beziehung der Figuren zueinander aus; so handelt es sich um ein Roadmovie, das real durch die Wüste wie emotional durch die Seelenlandschaft der Figuren führt.

III. Der Orient in EXIT MARRAKECH

Die Art und Weise, wie diese symbolisch zu verstehende Reise in EXIT MARRAKECH erzählt wird, steht dabei in Zusammenhang mit den im und vom Film präsentierten Bildern des Anderen, zumal das Genre Roadmovie ohnehin eng mit dem Blick auf das Eigene versus das Fremde verbunden ist: »The road introduces an otherness that is both spatial and social, and so mobility becomes a process for working out the fact of difference.«[30] Daher seien an dieser Stelle, bei aller gerechtfertigter Kritik an der Studie[31] und einer naturgemäßen Verknappung derselben, ein paar Überlegungen zu Edward Saids *Orientalism* (1978) gestattet, auf die sich die folgende Analyse des Orientbildes in EXIT MARRAKECH gründet,[32] denn noch immer arbeitet sich die Orientalismusforschung an Saids literaturhistorischer Untersuchung zu Repräsentationen des Vorderen Orients in Kultur und Wissenschaft Europas im 19. und frühen 20. Jahrhundert ab.[33]

Wenngleich der palästinensisch-amerikanische Geisteswissenschaftler Said auf eine eindeutige Definition dessen, was Orientalismus ist, verzichtet,[34] so deutet er diesen – eine Erscheinung im Zuge des Kolonialismus[35] – als einen »westliche(n) Stil, den Orient zu beherrschen, zu gestalten und zu unterdrücken«,[36] wobei es insbesondere »der europäischen Kultur in nachaufklärerischer Zeit gelang, den Orient gesellschaftlich, politisch, militärisch, ideologisch, wissenschaftlich und künstlerisch zu vereinnahmen – ja, sogar erst zu schaffen«.[37] Kernelement von Saids Orientalismusbegriff ist sein konstruktivistischer, diskursanalytisch motivierter Blick auf dieses Phänomen, denn Said beschreibt den Orient als Konstrukt und Produkt eines eurozentrischen Diskurses, in dem der Westen Hegemonialansprüche infolge seines Herrschaftsgestus und zur Machtstabilisierung erhebt: »›(D)er Orient an sich‹ (ist) ein Konstrukt«.[38]

Folglich handelt es sich beim Orient als Konstrukt um westliche, mithin europäische Vorstellungen, die den Orient als Gegensatz zum Okzident zunächst und vor allem verbal charakterisieren, statt ihn tatsächlich politisch oder wirtschaftlich zu unterwerfen.[39] Said spricht hierbei von folgender Dichotomie: Orientalismus sei eine »Denkweise, die sich auf eine ontologische und epistemologische Unterscheidung zwischen ›dem Orient‹ und (...) ›dem Okzident‹ stützt«.[40] Infolgedessen ist der konkrete geografische Raum zunehmend von nachrangiger Bedeutung geworden. Im Fokus des nicht trennscharf definierten Orientalismus respektive des eurozentrischen, westlich geprägten Blicks auf die Gesellschaften des Nahen Ostens bzw. der arabischen Welt steht dabei vor allem das Fremde, das Andere der nicht westlichen Welt im Sinne negativer, weil nicht westlicher »Bilder ›des Anderen‹«.[41] Bei diesem Anderen handelt es sich jedoch nicht um eine objektive Wirklichkeit, denn »eine uneigennützige Form des Orientalismus, geschweige denn etwas so Argloses wie eine ›Idee‹ des Orients«[42] habe es nie gegeben.

In diesem Sinn fungiert Orientalismus »als allgemeine Bezeichnung für westliche Repräsentationen eines nichtwestlichen Anderen«.[43] Said geht dabei davon aus, dass der Orient als Repräsentation und Projektion westlicher Vorstellungen als das Andere überhaupt erst entsteht, wodurch sich vice versa der Westen in einem abgrenzenden, identitätsstiftenden Prozess konstruiert. Denn der Orient habe »dazu beigetragen, Europa (oder den Westen) als sein Gegenbild, seine Gegenidee, Gegenpersönlichkeit und Gegenerfahrung zu definieren«,[44] sodass »die europäische Kultur erstarkte und zu sich fand, indem sie sich vom Orient als einer Art Behelfs- und sogar Schattenidentität abgrenzte«.[45]

Dementsprechend bringt der koloniale Diskurs dessen Objekte wie Subjekte erst hervor; durch wiederholtes Tradieren homogenisierender, vor allem negativer Orientbilder im Diskurs, in dem der Westen als Norm setzende Macht fungiert, werden Erstere zur Wahrheit erhoben:[46] »(D)er Orient (ist) keine simple Naturgegebenheit (...) – also genauso wenig einfach da wie der Okzident. (...) Als gleichermaßen geografische wie kulturelle – um nicht zu sagen historische – Konstrukte sind auch Gegenden, Regionen, geografische Zonen wie ›Orient‹ und ›Okzident‹ bloßes Menschenwerk. Daher ist der Orient ebenso wie der Westen selbst eine Idee mit einer eigenen Geschichte und Denktradition, einer eigenen Symbolik und Terminologie, die seine Realität und Gegenwärtigkeit im und für den

Westen begründen. Auf diese Weise gilt, dass die beiden Konstrukte einander stützen und in gewissem Maße spiegeln.«[47]

Folglich ergibt sich die potenzielle Differenz zwischen Orient versus Okzident erst im und aus dem Diskurs darüber; sie ist nicht per se existent, sondern entsteht durch den hegemonialen Diskursführer, insbesondere auf dem Gebiet der Kultur, dem Westen: »Die Beziehung zwischen Okzident und Orient ist ein hegemoniales Macht- und Herrschaftsverhältnis.«[48] Während der Westen sich infolge seiner vermeintlichen kulturellen Überlegenheit und als Ausdruck imperialistischer Bestrebungen zuschreibt, für Freiheit, Fortschritt, Friede, Ratio, Emanzipation, Gleichberechtigung, Humanismus, Aufklärung, Moral, Sitte, Bildung, die Zivilisation schlechthin zu stehen, repräsentiere der mitunter als minderwertig charakterisierte Orient – »fast eine europäische Erfindung«[49] – »ein Märchenland voller exotischer Wesen (...), das im Reisenden betörende Erinnerungen an traumhafte Landschaften und eindringliche Erlebnisse«[50] hinterlässt, aber auch Eigenschaften wie wild, mystisch, sinnlich, irrational, abergläubisch, dekadent, faul, unordentlich, degeneriert, archaisch, grausam, ursprünglich, primitiv, zurückgeblieben, unwissend, rückschrittlich, minderwertig, unzivilisiert und so fort.[51] Was bedeutet Orientalismus nun in und für Links Film?

Als postkolonialer Film[52] – gemeint ist hierbei ein Film, der nach dem Kolonialismus entstanden ist und auch ein Marokko der Jetzt-Zeit nach dem politischen Kolonialismus zeigt[53] – sieht sich EXIT MARRAKECH demgemäß in einer Auseinandersetzung mit diskursiv-konstruktivistischen Orientbildern, die sowohl das Fremde als auch das Eigene konturieren, und folgt darin wieder einem Muster des Genres. Denn »a certain exoticism regarding race pervades many road movies. This exoticism generally appears in the visionary longings of the protagonists, who idealize ›primitive‹ cultures as a kind of ›dark continent‹ destination, an antidote to the materialistic Western industrial culture they are rebelling against.«[54]

Da ist zum einen Ben als sinnlicher Part der Vater-Sohn-Beziehung, der eine romantisierte Vorstellung vom Fremden, verkörpert in der scheinbar exotischen Karima als »the racial and sexual Other«,[55] hat, wohingegen Heinrich ein Repräsentant des westlichen Rationalismus ist. Und obschon das Afrikabild des Films nicht das vermeintlich typisch westliche eines *failing continent* ist, so lassen sich doch mitunter stereotype Figurenzeichnungen ausmachen: Zu den Bildern des Eigenen zählt der Internatsschüler aus gutem Hause ebenso wie der kulturstiftende Erfolgsregisseur und die kunstsinnige Cellistin als Mutter. Durchaus lässt sich

Heinrichs Auftritt auf dem Theaterfestival in Marokko so deuten, als müsste hier ein blonder, latent überheblicher Kulturträger aus Deutschland in neokolonialistischem Gestus und mit westlicher Hybris das Licht der Aufklärung auf den Subkontinent bringen, indem er Lessings *Emilia Galotti* inszeniert, die westliche Kultur also gemäß einer langen kolonialistischen Traditionslinie in den Orient »exportiert«.[56] Nichtsdestotrotz ginge es zu weit, Heinrich als missionarischen Kulturimperialisten mit Sendungsbewusstsein zu interpretieren, der die ursprüngliche Kultur Marokkos eindämmen, verändern oder gar zerstören und die superiore westliche in Form der *Emilia Galotti* – die Premiere wird von einem Muezzin, der zum Abendgebet ruft, unterbrochen – als Signum der Zivilisation implementieren will.

Parallel dazu übt EXIT MARRAKECH unterschwellig Kritik am westlichen Überlegenheitsanspruch, wenn Heinrich sich hinter den Hotelmauern verschanzt, weil ihm die Welt außerhalb dieses Signums von Dekadenz und Wohlstand zu gefährlich erscheint, oder wenn er die Polizisten mit 200 Euro bestechen will, damit sie die Suche nach seinem Sohn beschleunigen. Der Film deutet somit anhand der Figur Heinrich westliche Ignoranz gegenüber Afrika, hier Marokko, an. Dieser europäischen Bequemlichkeit des Vaters stellt EXIT MARRAKECH die Neugier des Sohnes auf das nordafrikanische Land gegenüber. Dessen durchaus positive Faszination für das Fremde verkörpert insbesondere die Prostituierte Karima. Sie wird vom Wohlstandssohn Ben, einem reichen Jungen aus einem süddeutschen Internat am Tegernsee, mit der Überheblichkeit der alten Kolonialmacht Europa in das Ideal der romantischen Liebe eingeführt. Gleichwohl tritt der junge Deutsche nicht als weißer Westler mit herrischer Geste auf, der von der wilden, physischen Marokkanerin lediglich exotischen Sex im Sinne eines Dominanzverhältnisses des Westens dem Osten gegenüber fordert. So ist Ben eben nicht der Held aus Europa, der der armen Karima Geld für den Beischlaf gibt, sie also materiell dominiert, damit aber doch aus ihrem Elend holen würde, wenngleich er sie zunächst dafür bezahlen möchte, dass er eine Nacht neben ihr einschlafen darf.

Allerdings lässt sich Bens jugendlicher Naivität, er könne mit seiner Liebe zu Karima die sie trennenden kulturellen Barrieren überwinden, durchaus eine gewisse Arroganz westlicher Prägung attestieren. Der aufklärerische Gedanke, ihr den Weg in eine emanzipierte, auch sexuelle Freiheit im Stile westlicher Frauen zu zeigen, wird vom Patriarchat des Orients unterbunden. Denn Karimas Familie empfindet Ben und dessen westliches Weltbild als Bedrohung für die von Traditionen geprägte marokkanische Dorfgemeinschaft. Das Einkommen sowie die Ehre der

Familie sind in Gefahr, sollte sich Karima auf eine Liebesbeziehung mit dem Europäer Ben einlassen. Die Eltern haben Angst davor, aufgrund der strengen Sittenregeln der Landbevölkerung vor ihren Nachbarn das Gesicht zu verlieren. Die scheinbare Schande einer sich prostituierenden Tochter wird von ihnen geringer eingestuft als die potenziell mit einem weißen Ehemann verbundene.

EXIT MARRAKECH setzt Bens Weltsicht wenig entgegen, als sich dieser über das Verstoßen-Werden aus dem Paradies mit Karima beim Vater beklagt, missachtend, dass die schiere Armut die Familie möglicherweise dazu zwingt, die Tochter anschaffen gehen zu lassen und dass in dieser von restriktiven Moral- und Wertvorstellungen geprägten Welt kaum Platz ist für romantische Liebe und Freiheitssehnsucht.

So berauscht sich Ben scheinbar unreflektiert an Marokko, beispielsweise an der Wüste als Ort für das Touristenvergnügen Dünen-Surfen oder an einer marokkanischen Frau; sobald die Beziehung zu Karima ihm jedoch zu kompliziert wird, verschwindet die Fremde ohne narrative Motivation aus der Filmhandlung. Karima fällt demgemäß dem westlich orientierten Blick des Films anheim und wird als »koloniales Opfer (...) zur fernen Katalysatorfigur«[57] des Vater-Sohn-Konflikts reduziert. Bens Identität hat die Frau aus dem Orient daher vor allem hinsichtlich seiner Beziehung zum Vater verändert. Eine transkulturelle Hybrid-Identität Bens ist daraus aber nicht entstanden. Insofern geht EXIT MARRAKECH mit Roadmovies konform, »(that) retain a traditional sexist hierarchy that privileges the white heterosexual male in terms of narrative and visual point of view (...) (because) (t)he road movie tends to define the active impulse (...) as male, relegating women characters to passive passengers and/or erotic distractions«.[58]

Der Orient als Reiseziel für Touristen aus dem Westen: Ben beim Dünen-Surfen in der Wüste

Gleichwohl gehören zum interessierten Blick des Films auf das Andere auch zwei homosexuelle Theaterschaffende aus Marokko. An ihnen provoziert Exit Marrakech stereotype, latent rassistische Vorstellungen des Westens und bricht mit präfigurierten Erwartungen, denn die beiden vermeintlich zwielichtigen Gestalten aus dem Umfeld des Theaterfestivals, die Heinrichs Sohn etwas antun könnten, entpuppen sich als Schwule, die Ben nur zu einer Party mitnehmen wollen, um mit ihm zu feiern.

Dezent fordert dieses Roadmovie auch den Zuschauer auf, seine eigenen stereotypen Bilder des Fremden zu überdenken, beispielsweise wenn Ben mit Straßenjungen Kontakt hat, die seine teure Spiegelreflexkamera eben nur mal in der Hand halten wollen, statt sie zu stehlen. Allerdings wird in dieser Szene zugleich das Bild des generösen Westlers tradiert, wenn der Weiße Ben den bedürftigen Kindern seine Jacke und sein T-Shirt schenkt. Dennoch trägt der Film mit Szenen wie den hier beschriebenen dazu bei, kolonialherrschaftlich geprägte Denkmuster zu hinterfragen.

So ist Exit Marrakech letztlich unentschlossen, was Proliferation des bzw. Kritik am Eurozentrismus angeht. Karimas Familie beispielsweise bleibt größtenteils sprachlos, ihre Motive, die Tochter in die Prostitution zu schicken, werden weitestgehend nicht genannt. Das Marokkobild der Kamerafrau Bella Halben, die sich auf Bens Sicht auf das Land fokussiert, erweist sich daher vor allem als Kulisse für eine Beziehungserforschung der Familienmitglieder und ein emotional grundiertes Roadmovie. Halben zeigt die exotischen Seiten Marrakechs, dieser »Perle des Südens«, mithin touristische Bilder des pittoresken Orients: Souks mit fliegenden Händlern und Schlangenbeschwörern, Haschischverkäufer in Seitenstraßen, Huren inklusive, Teestuben, Arabesken, bunte Fliesen, chaotischen Straßenverkehr, das pulsierende Leben des Orients mit wilden Partys und luxuriösen Hotelkomplexen, aber auch Minarette und muslimische Marokkaner beim Gebet, holprige Wüstenpisten und ein paar hungernde Menschen am Rande, das beeindruckende Atlasgebirge und die Weite der Landschaft in langen Einstellungen sowie natürlich die Wüste. Halben zeigt aber auch mit durchaus kritischem Blick das Hotel-Ghetto westlicher Dekadenz mit den sich darin wie in einer *gated community* einschließenden Europäern.

Bei aller Faszination dieses westlichen Films für ein ihm weitgehend unbekanntes Land, das in ästhetisch komponierten Landschaftsbildern dargeboten wird, ist der Orient in Exit Marrakech indes keine rundum mystische, exotische Welt, hervorgebracht von der westlichen Fantasie von *Tausend und einer Nacht*. Vielmehr finden sich Spuren des westlichen Imperialismusstrebens im Film, beispielsweise eine McDonalds-Filiale mitten in Marrakech. Jedoch: »Eine vollkommene Desillusionierung mutet Link ihrem Publikum (...) nicht zu, trotz der feinen Risse bleiben Marrakesch und die weiten Berglandschaften Marokkos pittoreske Kulisse für das Drama um die dysfunktionale Familie.«[59]

Fragen nach westlichem Hegemonie-Denken oder afrikanischen Emanzipationsbestrebungen, die etwas zur »Dekonstruktion und Überwindung zentraler Annahmen des kolonialen Diskurses«[60] beitragen könnten, deutet der Film daher auf einer nicht sofort ersichtlichen Ebene an; etwa wenn einer der einheimischen Journalisten Heinrich auf der Premierenfeier zu seiner *Galotti*-Inszenierung, freilich auf Französisch, fragt, ob es legitim sei, in Zeiten des Umbruchs ein Lessing'sches Aufklärungsdrama mit West-Geld als kapitalistisch erwirtschafteten Subventionen des Kulturbetriebs auf die Bühne zu bringen, während große Teile der Bevölkerung hungerten. Dezidierte Verweise auf eine Differenz von Orient und Okzident im Sinne des Orientalismus finden sich im Film daher ebenso wenig, wie er ein politisch motiviertes Plädoyer für die Gleichwertigkeit derselben darstellt.

So präsentiert EXIT MARRAKECH eine dialektische Haltung auf zwei Ebenen. Erstens: Je mehr sich Ben durch die Reise in die Wüste von seinem Vater wegbewegen will, desto mehr fordert er dessen Aufmerksamkeit ein und reproduziert in der Beziehung zu Karima das klassische Liebesideal der westlichen Welt. Zweitens: So groß wie die subversive Kritik dieses Roadmovie am Orientalismus ist, so groß ist auch seine Faszination für die Fremde. Dabei handelt es sich um »the road movie's core tension between rebellion and conformity«.[61] Aufgrund dieser Ambivalenz zwischen einer Kritik an westlichen Vorstellungen vom Orient und deren Proliferation sei abschließend die Frage nach der kulturkritischen Haltung von Links EXIT MARRAKECH noch einmal dezidiert in den Blick genommen.

IV. Momente der Kulturkritik in EXIT MARRAKECH?

Handelt es sich in EXIT MARRAKECH bei der dargestellten Reise Bens und Heinrichs um ein Moment der Kulturkritik im Film? Grundsätzlich hat die Reise im Roadmovie narrative Funktion und fungiert durchaus »as a means of cultural critique«.[62] Die Haltung des Roadmovie ist, so Laderman, eine per se kulturkritische, wobei die narrative Struktur der filmischen Reise als Sozialkommentar zu lesen ist.[63] In Links Film werden die scheinbaren kulturellen Differenzen zwischen Orient und Okzident dagegen nur am Rande verhandelt. Dem Film geht es weniger um einen Blick »beyond the borders of cultural familiarity«[64] als vielmehr um den Blick auf die Familie selbst.

»Countercultural«[65] – nach Laderman ein Signum des Roadmovie – ist EXIT MARRAKECH zwar nicht. Gleichwohl wird man dem Film auch keine Dichotomie von Ost versus West im Sinne des Orientalismus attestieren können. Denn der Film präsentiert durchaus diverse Bilder und kritisiert Kolonialismus und Kulturtourismus sowie soziale und familiäre Repressionen auf leise Art und Weise. Zwar zeigt er Heinrich als eine Art Kulturpionier in Marokko; eine tatsächliche Kritik am eurozentrischen Weltbild, das sich den Westen zum Maßstab nimmt, wird im und durch den Film aber lediglich in geringem Umfang geleistet.

Marokko fungiert in EXIT MARRAKECH daher vornehmlich als Kulisse für ein deutsches Familiendrama, weniger als eigenes Thema oder gar als Protagonist. Im Zentrum des Films steht der Konflikt zwischen Vater und Sohn, der nur am Rande von der Dichotomie zwischen dominanter westlicher Kultur und der tatsächlichen Realität Marokkos flankiert wird. Sein kulturkritisches Potenzial deutet der Film daher an, ohne es wirklich auszuagieren. Vor dem Hintergrund des fremden Orients finden Vater und Sohn schließlich zu ihren westlichen Rollenidealen zurück. Der den westlichen Jugendlichen verführende Orient fungiert in Form der jungen erotischen Frau vor allem als Katalysator für ihre Beziehungskrise.

Einen filmischen Blick auf die politische Zeitgeschichte, den Arabischen Frühling etwa, die Arabellion,[66] sucht man in EXIT MARRAKECH daher zwar vergebens. Gleichwohl hinterfragt der Film aber beinahe unmerklich den Wert westlicher Orientbilder und damit auch seinen eigenen Wahrheitsgehalt, was das gezeigte Marokkobild betrifft. Dementsprechend stellt EXIT MARRAKECH nicht nur die Fragilität der Familie infrage, sondern in Form der Fremde(n) sowie der Wahrnehmung derselben auch die Fragilität des scheinbar Familiären.

---

1 Bei Ben handelt es sich um die Kurzform von Benjamin, einem aus dem Hebräischen stammenden Namen mit der Bedeutung »Glückskind«. — **2** Konträr zu anderen Roadmovies, in denen die Rebellion, der Versuch des Ausbruchs aus der Gesellschaft und damit verbunden die Suche nach der Rolle in dieser zumeist scheitern – man denke an EASY RIDER (1969) oder THELMA & LOUISE (1991) –, endet EXIT MARRAKECH nicht mit dem gewaltsamen Tod der beiden Protagonisten. — **3** Wolfgang Höbel, »Unruhe und erstes Leid«, in: *Der Spiegel* (2013), H. 43, S. 147. — **4** Vgl. beispielsweise Joachim Kurz, »Die Probleme der Einen, das Elend der Anderen«, www.kino-zeit.de/filme/exit-marrakech (letzter Zugriff am 6.12.2015). —

5 Matthias Dell, »Irgendwas mit Afrika«, www.freitag.de/autoren/mdell/irgendwas-mit-afrika (letzter Zugriff am 6.12.2015). — **6** Vgl. Peter Uehling, »Klischees vom Vater und Sohn«, www.berliner-zeitung.de/kultur/-exit-marrakech--klischees-vom-vater-und-sohn,10809150,24747952.html (letzter Zugriff am 6.12.2015). — **7** Hannah Pilarczyk, »EXIT MARRAKECH von Caroline Link: Billige Sommerferien«, www.spiegel.de/kultur/kino/vater-sohn-drama-exit-marrakech-von-caroline-link-a-928610.html (letzter Zugriff am 6.12.2015). — **8** Carsten Moll, »Ein wenig fremdes Unglück: Caroline Link spendiert eine Pauschalreise nach Marokko«, www.critic.de/film/exit-marrakech-5670/ (letzter Zugriff am 6.12.2015). — **9** Pilarczyk, »EXIT MARRAKECH von Caroline Link« (s. Anm. 7). — **10** Ingrid Beerbaum, »EXIT MARRAKECH«, http://kunstundfilm.de/?p=15121 (letzter Zugriff am 6.12.2015). — **11** Ann Birgham, *American Road Narratives. Reimagining Mobility in Literature and Film*, Charlottesville 2015, S. 8. — **12** Lars Dammann, *Kino im Aufbruch. New Hollywood 1967–1976*, Marburg 2007, S. 157. — **13** Gemeinsam geteilte Merkmale, die ein Genre als solches ausbilden, finden sich auf folgenden filminternen Ebenen: Motive, Ästhetik, Ikonografie, verhandelte Themen, Intermedialität, narrative Muster, Entwicklungen/Phasen usw. Vgl. zur Genretheorie beispielsweise Rick Altman, *Film/Genre*, London 2009, oder Stephen Neale, *Genre and Hollywood*, London 2009. Neben diesen innerfilmischen Kategorien tragen ebenso die Erwartungen der Rezipienten sowie die Vermarktung der Filme durch die Produzenten zur Ausbildung von Genres bei. Die Kriterien des Roadmovie-Genres fasst Oliver Fahle in seinen Überlegungen zu Antonionis ZABRISKIE POINT (1970) konzise zusammen. Vgl. Oliver Fahle, »Ein anthropologisches Road Movie: ZABRISKIE POINT«, in: *Michelangelo Antonioni. Wege in die filmische Moderne*, hg. von Jörn Glasenapp, München 2012, S. 257–271. — **14** Die Anfänge des Roadmovies liegen in den krisengebeutelten USA der 1960er Jahre. Als Nachfolger des Western zählen zum Genre Klassiker wie BONNIE UND CLYDE (1967), wo eine Flucht zum Anlass für ein Roadmovie wird, oder der paradigmatische Film EASY RIDER; ebenso europäische Vertreter wie PIERROT LE FOU (ELF UHR NACHTS, 1965) oder in jüngerer Zeit das RAF-Biopic BAADER (2001) sowie von der Gender-Thematik geprägte Varianten, etwa THELMA & LOUISE, und postmoderne Filme wie der medialisierte, radikale, mit Zitaten arbeitende NATURAL BORN KILLERS (1994). Subvarianten des Genres sind demzufolge Gangster-, Biker- oder Musiker-Roadmovies. Das Genre, hervorgegangen aus den Veränderungen des Hollywoodkinos der 1960er Jahre und im Zuge eines rebellischen Aufbruchs der Jugend in den Nachkriegsjahren, wird letztlich von einigen wenigen Filmen konstituiert, die insbesondere zwischen 1967 und 1973 entstanden sind. Gesellschaftliche Außenseiter mit eigenem Werteschema, das gegen hegemoniale soziale Normen gerichtet und einem rebellischen Gestus unterworfen ist, dominieren die Handlung. Zu den im Roadmovie vorherrschenden Themen zählt neben der Freiheit des Individuums vor allem das Reisen als Selbstzweck. Nicht das Ankommen an einem Ziel ist das Anliegen des Roadmovie, sondern das Reisen selbst, denn der Weg ist das Ziel, das Reisen geschieht um des Reisens willen. Dabei werden im Roadmovie nicht nur geografische, sondern auch kulturelle Räume durchschritten. Die Reise durch das Land kann dabei metaphorisch als Reise zum Selbst des/der Protagonisten im Sinne eines äußeren wie inneren Aufbruchs, einer sowohl räumlichen als auch inneren Fortbewegung in Form einer emotionalen Suche des Ichs verstanden werden. Die Freiheit, die die Straße bietet, korreliert mit der Sehnsucht nach Freiheit von gesellschaftlichen Zwängen und Rebellion gegen diese. Vgl. hierzu beispielsweise Steven Cohan/Ina Rae Hark, »Introduction«, in: *The Road Movie Book*, hg. von Steven Cohan und Ina Rae Hark, London/New York 1997, S. 1–14. Im Sinne eines Anti-Western unterliegt das Roadmovie nicht dem Glauben an die Machbarkeit der Welt, sondern thematisiert vielmehr den Verfall von Zivilisation, die im Western der *frontier* erst abgerungen werden muss. Das Roadmovie zeichnet sich folglich durch dekonstruktive Tendenzen aus. Die Straße fungiert hierbei als *new frontier*, »die im individuellen Abenteuer, ständig unterwegs zu sein, Räume zur Flucht aus der Gesellschaft, auch zur Suche nach anderen Lebensvorstellungen (und zur Hinwendung zum Selbst) bietet«. Norbert Grob/Thomas Klein, »Das wahre Leben ist anderswo … Road Movies als Genre des Aufbruchs«, in: *Road Movies*, hg. von Norbert Grob und Thomas Klein, Mainz 2006, S. 8–20, hier S. 18. Der Einzelne sieht sich mit einer komplexen, von Regeln dominierten Gesellschaft konfrontiert, gegen die er zu rebellieren bestrebt ist. Die Reise selbst schlägt sich einerseits im Filmsetting nieder – offene Landschaften in Anlehnung an die *frontier* des Westerns, dargeboten in Plansequenzen, konturieren den Gegensatz von Natur versus Kultur; andererseits ist sie metaphorisch zu interpretieren: Sie versinnbildlicht den Kampf um Freiheit oder zumindest die Suche nach dieser sowie nach der Identität des Protagonisten, der aus der Gesellschaft auszubrechen versucht, jedoch mit der Übermacht der von Letzterer gesetzten Konventionen konfrontiert wird. Als Symbol verdichten sich in der Reise des Roadmovie metaphysische Fragen nach dem Sinn des Lebens: »Travel, thus, commonly becomes an opportunity for exploration, discovery and transformation (of landscapes, of situation and of identity).« Ewa Mazierska/ Laura Rascaroli, *Crossing New Europe. Postmodern Travel and the European Road Movie*, London/ New York 2006, S. 4. David Laderman fasst folgende Kriterien des Roadmovie zusammen: »cinematically, in terms of innovative traveling camera work, montage, and soundtrack; narratively, in terms of an open-ended, rambling plot structure; thematically, in terms of frustrated, often desperate characters lighting out for something better, someplace else. Thus the road movie celebrates subversion as a literal venturing outside of society.« David Laderman, *Driving Visions. Exploring the Road Movie*, Austin 2006, S. 2. Zu deutschen Roadmovies vgl. Knut Hickethier, »Auf dass einem etwas widerfährt. Road Movies im deutschen Film«, in: *Road Movies*, hg. von Norbert Grob und Thomas Klein, Mainz 2006, S. 128–148. — **15** Die Reise der mitunter in und an der Gesellschaft gescheiterten Anti-Helden geht im Roadmovie nicht zwingend mit einer Entwicklung der Figuren einher. — **16** Dammann, *Kino im Aufbruch* (s. Anm. 12), S. 158. — **17** Laderman, *Driving Visions* (s. Anm. 14), S. 17. — **18** Statt einer Männerfreundschaft präsentiert Link mit der Vater-Sohn-Beziehung eine Variation derselben. Gleichwohl erweist sich EXIT MARRAKECH als recht konventionell, was die Figurenbeziehung betrifft, denn gemäß des Standard-Roadmovie »it furnishes narrative tensions between the two people traveling together«. Ebd. — **19** Vgl. ebd., S. 20. — **20** Laderman schreibt hierzu: »(T)he road movie's overt concern with rebellion against traditional social norms is consistently undermined, diluted, or at least haunted by the very conservative cultural codes the genre so desperately takes flight from.« Ebd. — **21** Zum Zusammenhang von Roadmovie und Western vgl. Martin Bertelsen, *Roadmovies und Western. Ein Vergleich zur Genre-Bestimmung des Roadmovies*, Ammersbek 1991. — **22** Fahle, »Ein anthropologisches Road Movie« (s. Anm. 13), S. 263. — **23** In EXIT MARRAKECH ist das Vehikel nicht zwingend – wie in anderen Roadmovies, vgl. Laderman, *Driving Visions* (s. Anm. 14), S. 13 – Ausgangspunkt der Narration. — **24** Ebd., S. 18. — **25** Birgham, *American Road Narratives* (s. Anm. 11), S. 3. — **26** Dies stimmt mit Fahles Roadmovie-Beobachtung überein, dass »temporäre, flüchtige Begegnungen (…) für den Verlauf der Reise oder für die mentale Situation der Protagonisten relevant sind«. Fahle, »Ein anthropologisches Road Movie« (s. Anm. 13), S. 263. — **27** Birgham, *American Road Narratives* (s. Anm. 11), S. 8. — **28** Grob/Klein, »Das wahre Leben ist anderswo … Road Movies als Genre des Aufbruchs« (s. Anm. 14), S. 18. — **29** Vgl. ebd. — **30** Birgham, *American Road Narratives* (s. Anm. 11), S. 8. — **31** Die Grundlagen von Saids *Orientalism* sind im Konstruktivismus sowie in der Diskursanalyse zu suchen; so bezieht er sich unter anderem auf Foucault im Zusammenhang von Wissen und Macht. Überdies ist Said ideologie- und wissenschaftskritisch gegenüber den Orientwissenschaften des 19. und 20. Jahrhunderts eingestellt. Folgende problematische Aspekte finden sich dabei in Saids Werk: Was geografische und zeitliche Marker angeht, bleibt der Autor relativ unspezifisch. Orient meint bei Said vor allem den Nahen Osten. Zugleich ignoriert Said den Widerstand in den Kolonien sowie im Westen gegen vorherrschende Denkmuster und Praktiken dem Osten gegenüber; er verweigert folglich einen Blick auf Gegendiskurse. Überdies ist nicht von den einen Orientbild des Westens zu sprechen. Letztlich arbeitet Said in *Orientalism* genauso dichotomisch, wie er es dem Westen in seiner Sicht auf den Osten vorwirft; der Text wartet ebenfalls mit einem dualistischen Weltbild auf, obschon es genauso wenig einen homogenen Orient wie einen homogenen Okzident gibt. Mitunter argumentiert Said recht oberflächlich und vereinfacht den Orientdiskurs als einen über Jahrhunderte hinweg unveränderten. Auf diese Weise präsentiert er ein monolithisches, undifferenziertes Weltbild, das sich auf generalisierte Aussagen aufgrund von Textbeobachtungen – journalistische und politische, vor allem aber literarische Texte werden von Said herangezogen – stützt. Der Fokus der Studie liegt dabei auf Frankreich und England sowie mitunter Amerika, keineswegs auf ganz Europa. Auch wendet sich Said lediglich dem Islam respektive dem arabischen Raum statt dem gesamten Orient zu. Weitere Themen, Geschlechterfragen etwa, werden weitgehend vernachlässigt. Bei *Orientalism* handelt es sich zudem um ein vornehmlich politisch motiviertes Buch mit bisweilen polemischer Rhetorik. Der Orient wird darin von Said als westliches Konstrukt bestimmt; gleichzeitig arbeitet der Autor jedoch selbst mit diesem von ihm als Konstrukt verurteilten Begriff. Dabei wird jede Identität, nicht nur die europäische, immer auch durch Abgrenzung zum Anderen konstituiert. So kann *Orientalism* schlussendlich als Verfestigung des dichotomischen Blicks auf Orient versus Okzident statt als Beitrag zu dessen Überwindung gewertet werden. Durch sein Tradieren eines negativen Orientbildes mag der Text gar dazu beigetragen haben, dieses zu proliferieren. Auch ist Said nicht der erste kritische Denker des Postkolonialismus. Zudem schreibt er als westlich geprägter Wissenschaftler aus einem westlichen Diskurs heraus für ein westliches Publikum. Sein politischer Aktivismus pro Palästina wurde zum Stein des Anstoßes seiner Person gegenüber. — **32** Bezeichnenderweise heißt der Marokkaner, der Ben und Heinrich nach dem Autounfall findet und bei sich aufnimmt, Said. — **33** Zur Einführung in den Orientalismus vgl. beispielsweise Felix Wiedemann, »Orientalismus«, https://docupedia.de/zg/Orientalismus (letzter Zugriff am 6.12.2015). — **34** Vgl. Edward W. Said, *Orientalismus*, 2. Aufl., Frankfurt am Main 2010, S. 10. — **35** Eine der zahlreichen möglichen Definitionen bestimmt Kolonialismus als »(e)rstens ein territorial bestimmtes Herrschaftsverhältnis – das unterscheidet Kolonialismus von dem breiteren Begriff des Imperialismus, der auch Formen der informellen Steuerung ohne Ansprüche auf Gebietsherrschaft mit einschließt; zweitens die Fremdherrschaft, die dadurch charakterisiert ist, dass kolonisierende und kolonisierte Gesellschaften unterschiedliche soziale Ordnungen aufweisen und auf eine je eigene Geschichte zurückblicken; drittens schließlich die Vorstellung seitens der Kolonisatoren, dass beide Gesellschaften durch einen unterschiedlichen Entwicklungsstand voneinander getrennt sind.« Sebastian Conrad, »Kolonialismus und Postkolonialismus: Schlüsselbegriffe der aktuellen Debatte«, in: *Kolonialismus* (= *Aus Politik und Zeitgeschichte* 62 (2012), H. 44–45), S. 3–9, hier S. 3. — **36** Said, *Orientalismus* (s. Anm. 34), S. 11. — **37** Ebd., S. 11 f. — **38** Ebd., S. 369. — **39** Gleichwohl bestehen auch nach der formalen politischen Unabhängigkeit vormaliger Kolonien in der Regel noch immer Abhängigkeitsverhältnisse, etwa auf wirtschaftlichen Gebieten sowie hinsichtlich einer kulturellen Hegemonie und eines Autoritätsanspruchs des Westens. — **40** Said, *Orientalismus* (s. Anm. 34), S. 11. — **41** Ebd., S. 10. — **42** Ebd., S. 33 f. — **43** Wiedemann, »Orientalismus« (s. Anm. 33). — **44** Said, *Orientalismus* (s. Anm. 34), S. 10. — **45** Ebd., S. 12. — **46** Said distanziert sich hiervon deutlich, wenn er sagt, »dass der kulturelle Diskurs und Austausch nicht in ›Wahrheit‹, sondern in Darstellungen gründet, zumal die Sprache selbst ein hochorganisiertes und verschlüsseltes System ist, das viele Möglichkeiten bietet, Mitteilungen und Informationen auszutauschen oder etwas auszudrücken, zu bezeichnen, darzustellen und so fort«. Ebd., S. 32. — **47** Ebd., S. 13. — **48** Ebd., S. 14. — **49** Ebd., S. 9. — **50** Ebd. — **51** Weitere Ausführungen zum Orientalismus können hier aus pragmatischen Gründen nur angerissen werden: Aus der Macht, die der Westen im Diskurs hat, entsteht letztlich reale, auch materielle Macht. Denn der Diskurs wirkt sich auf Fremd- und Selbstbilder und damit auf politisches Handeln aus. Insofern ist letztlich auch der Diskurs gewalttätig, da er zu tatsächlicher Unterdrückung führt. Der im westlichen Diskurs klein gehaltene Orient wird in der Folge auch realpolitisch unterdrückt, da die repräsentativ herausgearbeiteten und sich verfestigenden Stereotype Herrschaftsanspruch und damit verbundenen Gewalteinsatz rechtfertigten. Said spricht hierbei vom »Zusammenhang von Wissen und Macht, der ›den Orientalen‹ erst gebiert«. Ebd., S. 39. Aus der westlich geprägten Geschichtsschreibung resultiert infolge der Hoheit im Deutungsdiskurs realpolitische Machtausübung. So erweist sich die vermeintlich falsche Wiedergabe des Orients im Diskurs letztlich auch als eine Form von Kolonialismus. Eben jener westlich geprägte Diskurs mitsamt seiner Historiografie über den Orient dominiert im kulturimperialistischen Sinn auch gegenwärtig das Bild des Ostens, obwohl faktisch keine Kolonien mehr existieren. Der Postkolonialismus ist daher nur eine formale Phase der politischen Unabhängigkeit, denn die Hegemonie eines eurozentrischen Weltbilds sowie die kapitalistische Vormachtstellung des Westens haben zu neuen Abhängigkeiten geführt. — **52** Die Postcolonial Studies haben ihren Ausgangspunkt unter anderem im Werk Saids. Einen Überblick über Kolonialismus-Forschung und Postcolonial Studies liefert Ulrike Lindner, »Neuere Kolonialgeschichte und Postcolonial Studies«, http://docupedia. de/zg/Neuere_Kolonialgeschichte_und_Postcolonial_Studies (letzter Zugriff am 6.12.2015). — **53** Der Begriff »postkolonial« ist gleichermaßen bedeutungsschillernd wie opak. Eine der möglichen Definitionen von Postkolonialismus orientiert sich an »a phase of imperialism, in turn best understood as the globalizing of capitalism«. Peter Childs/Jean Jacques Weber/Patrick Williams, *Post-Colonial Theory and Literatures. African, Caribbean and South Asian*, Trier 2006, S. 20. Die Dekolonisation in Afrika setzte nach dem Zweiten Weltkrieg ein. Das Jahr 1960 wird dabei als Höhepunkt derselben gewertet. In diesem Afrikajahr erlangten zahlreiche afrikanische Staaten ihre politische Unabhängigkeit, nachdem während des klassischen Imperialismus der Jahre 1870 bis 1914 ein Wettlauf um Kolonien in Afrika stattgefunden hatte. — **54** Laderman, *Driving Visions* (s. Anm. 14), S. 21. — **55** Ebd., S. 22. — **56** Zur Kolonialgeschichte Afrikas vgl. Frank Schubert, »Das Erbe des Kolonialismus – oder: warum es in Afrika keine Nationen gibt«, www.zeitgeschichte-online.de/thema/das-erbe-des-kolonialismus-oder-warum-es-afrika-keine-nationen-gibt (letzter Zugriff am 6.12.2015). — **57** Birgit Glombitza, »Das Vater-Sohn-Gerangel«, www.taz.de/!5056537/ (letzter Zugriff am 6.12.2015). — **58** Laderman, *Driving Visions* (s. Anm. 14), S. 20. — **59** Moll, »Ein wenig fremdes Unglück« (s. Anm. 8). — **60** Conrad, »Kolonialismus und Postkolonialismus« (s. Anm. 35), S. 7. — **61** Laderman, *Driving Visions* (s. Anm. 14), S. 23. — **62** Ebd., S. 1. — **63** Vgl. ebd., S. 6. — **64** Ebd., S. 1. — **65** Ebd., S. 17. — **66** Beim Arabischen Frühling handelt es sich um eine im Dezember 2010 beginnende Reihe von Aufständen und Revolutionen im Nahen Osten, ausgehend von Tunesien. Die Proteste richteten sich gegen die dort zum Teil despotisch herrschenden Regime sowie die soziopolitischen Bedingungen in diesen Ländern. Die positiven Erwartungen an einen Aufbruch in dieser Region, die mit dem Arabischen Frühling verbunden waren, haben sich jedoch nicht erfüllt, da zunehmend radikale islamistische Bewegungen die betroffenen Länder weiter destabilisieren. Demokratische Bewegungen wurden seither weitgehend im Keim erstickt.

Biografie

Caroline Link wurde am 2. Juni 1964 im hessischen Bad Nauheim geboren, wo sie bis zu ihrem Umzug nach München im Jahr 1978 ihre Kindheit verbrachte. Nach ihrem Abitur 1983 sowie einem sich direkt anschließenden einjährigen Auslandsaufenthalt in den USA nahm Link erstmals Kontakt zur Welt des Films auf, indem sie während eines mehrmonatigen Praktikums bei den Bavaria Filmstudios in München erste praktische Erfahrungen sammelte. Diese wiederum veranlassten sie 1986 zur Aufnahme eines Studiums an der Münchener Hochschule für Fernsehen und Film (HFF). In der dortigen Abteilung IV (Dokumentarfilm und Fernsehpublizistik) entstand Links Film BUNTE BLUMEN (1988), eine von Dieter Berner betreute Regieübung nach einer Szene aus dem Theaterstück *Die Minderleister* von Peter Turrini. Bereits ein Jahr zuvor hatte Link neben Dagmar Wagner und Patrick Hörl als Co-Regisseurin am Dokumentarfilm GLÜCK ZUM ANFASSEN (1987) mitgewirkt, der die Begegnung eines Fans mit seinem großen Idol Jürgen Drews schildert und sowohl von der Sehnsucht erzählt, dem Alltag zu entfliehen, als auch von der Industrie, die eben diese Sehnsucht schürt, um von ihr zu profitieren. Für ihren Abschlussfilm SOMMERTAGE (1990), die in einem kleinen schwedischen Dorf verortete Liebesgeschichte zwischen einem 16-Jährigen und einem 25-jährigen Aupairmädchen, wird Link bei den Hofer Filmtagen mit dem Kodak-Förderpreis ausgezeichnet. Obgleich die Regisseurin selbst ihrem Frühwerk jede nennenswerte Bedeutung abspricht, finden sich darin bereits markante Ansätze ihrer späteren Bildästhetik und Narrationsweise, die den Blick vom Großen, Spektakulären weglenken, hin zum Alltäglichen, vermeintlich Kleinen.

Nach ihrem Studium arbeitete Link zunächst für verschiedene Fernsehproduktionen. So wurde sie unter anderem als Drehbuchautorin für die Vorabendserie DER FAHNDER (1985–2001) tätig und führte Regie bei dem für das ZDF produzierten Kinderfilm KALLE DER TRÄUMER (1992). Ungefähr zur gleichen Zeit begann Link mit dem Abfassen des Drehbuchs zu ihrem Leinwanddebüt JENSEITS DER STILLE (1996), einer ebenso poetisch wie intelligent inszenierten Kindheits- und Adoleszenzgeschichte über ein Mädchen, das sich mit seinen gehörlosen Eltern auseinanderzusetzen hat und durch seine Affinität zur Musik in Konflikt speziell mit dem Vater gerät. Der von der Kritik hoch gelobte Film, der fernab von Klischees operiert, wurde zu einem Überraschungserfolg an der Kinokasse und brachte Link neben einigen Auszeichnungen eine erste Nominierung für den Oscar in der Kategorie »Bester fremdsprachiger Film«. JENSEITS DER STILLE zeigte aber auch, was in Links folgenden Filmen zunehmend an Bedeutung gewinnen sollte, nämlich die Tendenz zu starken Figuren, die sich im intergenerationellen Spannungsfeld familiärer Strukturen bewegen und mitunter neu zu positionieren haben. Darüber hinaus bestätigte er die bereits in SOMMERTAGE deutlich gewordene Vorliebe Links, Jugendliche und Kinderfiguren dezidiert ins Zentrum der filmischen Handlung zu stellen. Diese Vorliebe brachte sie drei Jahre später mit ihrer Adaption von Erich Kästners Kinderbuchklassiker *Pünktchen und Anton* erneut zum Ausdruck, dessen Handlung sie ins zeitgenössische München verlegte.

Ihren bis dato größten Erfolg feierte die mittlerweile etablierte Regisseurin 2001 mit NIRGENDWO IN AFRIKA, einer Verfilmung des gleichnamigen, autobiografischen Romans von Stefanie Zweig. Das Drama über eine vor den Nationalsozialisten geflüchtete, auf eine kenianische Farm emigrierte jüdische Familie erhielt nicht nur den Deutschen Filmpreis in den Kategorien »Film«, »Regie«, »Kamera« und »Musik«, sondern wurde ferner 2003 mit dem Oscar als »Bester fremdsprachiger Film« ausgezeichnet. Gefeiert für die einfache und unspektakuläre Schönheit seiner Bilder, in denen die Absenz einer Heimat betrauert wird, die es so nicht mehr gibt, zeigt NIRGENDWO IN AFRIKA abermals, dass Links Stärke gerade nicht in der attraktionsgeladenen Bildgewalt Hollywoods liegt. Vielmehr konzentrieren sich ihre Filme auf das scheinbar Vernachlässigbare, Abseitige und Unaufgeregte, das unter Links Regie immer wieder eine ungeahnte Größe entfaltet.

Da es nach ihrem Oscar-Gewinn einige Jahre ruhig um die Regisseurin wurde, waren die Erwartungen entsprechend hoch, als sich Link 2008 mit ihrem Drama IM WINTER EIN JAHR zurückmeldete, für das sie unter anderem Caroline Herfurth, Corinna Harfouch und Josef Bierbichler gewinnen konnte. Der Film, der einen Trauerfall ins Zentrum der Handlung rückt, zeigt auf eine für Link typische behutsame Weise den Umgang mit Einsamkeit im Umfeld einer in Zersplitterung begriffenen Familie, deren Mitglieder sich in verhaltenen Halbschritten langsam wieder einander anzunähern beginnen. Die Sehnsucht nach familiärer Verbundenheit, aber auch nach Sprache und Ausdruck, die sich bereits in ihren früheren Filmen als wesentliches Movens der Handlung erwies, tritt in IM WINTER EIN JAHR abermals zutage.

Dass gerade die Suche nach einer eigenen Stimme nicht selten in den Bereich der Kunst führt, wird auch in Links vorerst letztem Film, EXIT MARRAKECH (2013), evident, dessen Handlung erneut in Afrika, genauer:

in Marokko spielt. Ebenso wie in JENSEITS DER STILLE oder in IM WINTER EIN JAHR erweist sich die Kunst – in diesem Fall das Theater – hier als Ausdruck für einen bisweilen zu stark gelebten Individualismus, der nicht selten dem gesellschaftlichen Familienideal zuwiderläuft. Mit dem im Gewand eines Roadmovie daherkommenden Familienfilm, an dessen versöhnlichem Ende sich die Kritik stieß, schaffte es die Regisseurin trotz beeindruckender Landschaftsaufnahmen und gewohnt versiertem Umgang in der Bildsprache nicht, an ihre vorherigen Erfolge anzuknüpfen. Nichtsdestotrotz darf Link, die mit ihrem Lebensgefährten Dominik Graf und einer gemeinsamen Tochter in München lebt, als eine der bedeutendsten Filmemacherinnen des deutschsprachigen Gegenwartskinos gelten.

Franziska Wotzinger

Filmografie

Glück zum Anfassen (1987, Regiekooperation mit Dagmar Wagner und Patrick Hörl, Drehbuch: Dagmar Wagner)

Bunte Blumen (1988, Regieübung, betreut von Dieter Berner)

Sommertage (1990, Drehbuch: Caroline Link)

Der Fahnder, Staffel 4, Folge 13 – Tim (1992, Regie: Bernd Schadewald, Drehbuch: Caroline Link)

Kalle der Träumer (1992, Drehbuch: Caroline Link)

Jenseits der Stille (1996, Drehbuch: Caroline Link, Beth Serlin)

Pünktchen und Anton (1999, Drehbuch: Caroline Link)

Nirgendwo in Afrika (2001, Drehbuch: Caroline Link)

Im Winter ein Jahr (2008, Drehbuch: Caroline Link)

Exit Marrakech (2013, Drehbuch: Caroline Link)

Autorinnen und Autoren

Judith Ellenbürger (Prof. Dr. phil.), Studium der Medienwissenschaft in Paderborn und Metz. Promotion 2014. Seit 2016 Juniorprofessorin am Institut für Medien und Kommunikation der Universität Hamburg. Arbeits- und Forschungsschwerpunkte: Geschichte, Ästhetik und Theorie des Films, Fernsehserien, Geld.

Corina Erk (Dr. phil.), Studium der Germanistik, Anglistik und Erziehungswissenschaften in Bamberg. Erstes Staatsexamen für gymnasiales Lehramt 2010, 2011 Magisterabschluss, Promotion 2015. Seit 2011 Lehrbeauftragte des Instituts Germanistik der Otto-Friedrich-Universität Bamberg, seit 2015 Projektmanagerin und Pressesprecherin bei der Virtuellen Hochschule Bayern (vhb). Arbeits- und Forschungsschwerpunkte: Darstellung des RAF-Terrorismus in Film und Literatur, Kino und Erinnerungskultur, Mythos RAF, deutscher Gegenwartsfilm.

Nicolas Freund (M.A.), Studium der Komparatistik und Germanistik in München und London sowie der Theater-, Film- und Fernsehkritik an der Hochschule für Fernsehen und Film München und der Bayerischen Theaterakademie. Wissenschaftliche Publikationen zu Literatur- und Medienthemen. Seit 2015 Mitarbeiter der *Süddeutschen Zeitung*.

Jörn Glasenapp (Prof. Dr. phil.), Studium der Anglistik, Amerikanistik und Germanistik in Hannover und Göttingen. Promotion 1999, Habilitation 2006. Seit 2010 Inhaber des Lehrstuhls für Literatur und Medien an der Otto-Friedrich-Universität Bamberg. Arbeits- und Forschungsschwerpunkte: Geschichte, Ästhetik und Theorie der Fotografie und des Films, Literatur- und Medienkomparatistik, Kulturtheorie, Freud.

Susanne Kaul (PD Dr. phil.), Studium der Literaturwissenschaft, Linguistik und Philosophie in Paderborn und Frankfurt am Main. Promotion 2002 und Habilitation 2007 an der Universität Bielefeld. Gastprofessorin an der University of Notre Dame (USA). Seit 2014 als Heisenberg-Stipendiatin an der Westfälischen Wilhelms-Universität Münster. Arbeitsschwerpunkte: Erzähltheorie, Filmnarratologie, Komiktheorie, Literatur und Ethik.

Felix Lenz (Dr. phil.), Studium der Theater-, Film- und Medienwissenschaft, Germanistik und Kulturanthropologie in Frankfurt am Main. Promotion 2005. Wissenschaftlicher Mitarbeiter am Lehrstuhl für Literatur und Medien an der Otto-Friedrich-Universität Bamberg. Arbeits- und Forschungsschwerpunkte: Sergej Eisenstein, Dominik Graf, Paolo und Vittorio Taviani, Mediendramaturgie, Genrefilm, Goethes *Farbenlehre*.

FILM-KONZEPTE

Begründet von Thomas Koebner
Herausgegeben von Michaela Krützen, Fabienne Liptay
und Johannes Wende
(Hefte 1–28 herausgegeben von Thomas Koebner
und Fabienne Liptay)

Heft 1/2006
Komödiantinnen
173 Seiten, € 14,–
ISBN 978-3-88377-821-1

Heft 2/2006
Chaplin – Keaton. Verlierer und Gewinner der Moderne
108 Seiten, € 14,–
ISBN 978-3-88377-822-8

Heft 3/2006
Nicolas Roeg
Gastherausgeber: Marcus Stiglegger und Carsten Bergemann
112 Seiten, € 14,–
ISBN 978-3-88377-836-5

Heft 4/2006
Indien
Gastherausgeberin: Susanne Marschall
97 Seiten, € 14,–
ISBN 978-3-88377-837-2

Heft 5/2007
Ang Lee
Gastherausgeber: Matthias Bauer
104 Seiten, € 14,–
ISBN 978-3-88377-861-7

Heft 6/2007
Superhelden zwischen Comic und Film
Gastherausgeber: Andreas Friedrich und Andreas Rauscher
125 Seiten, € 14,–
ISBN 978-3-88377-862-4

Heft 7/2007
**3 Frauen:
Moreau, Deneuve, Huppert**
107 Seiten, € 14,–
ISBN 978-3-88377-891-4

Heft 8/2007
Clint Eastwood
Gastherausgeber: Roman Mauer
118 Seiten, € 14,–
ISBN 978-3-88377-892-1

Heft 9/2007
Pedro Almodóvar
Gastherausgeber: Hermann Kappelhoff und Daniel Illger
119 Seiten, € 17,–
ISBN 978-3-88377-921-8

Heft 10/2008
David Lean
Gastherausgeber: Matthias Bauer
105 Seiten, € 17,–
ISBN 978-3-88377-922-5

Heft 11/2008
Helmut Käutner
Gastherausgeber: Claudia Mehlinger und René Ruppert
115 Seiten, € 17,–
ISBN 978-3-88377-943-0

Heft 12/2008
Wong Kar-wai
Gastherausgeber: Roman Mauer
105 Seiten, € 17,–
ISBN 978-3-88377-944-7

Heft 13/2009
Romy Schneider
Gastherausgeber: Armin Jäger
107 Seiten, € 19,80
ISBN 978-3-86916-001-6

Heft 14/2009
**Hollywoods Rebellen
Marlon Brando, Jack Nicholson, Sean Penn**
Gastherausgeberin: Felicitas Kleiner
111 Seiten, € 17,80
ISBN 978-3-86916-002-3

Heft 15/2009
Die jungen Mexikaner
Gastherausgeberin: Ursula Vossen
111 Seiten, € 17,80
ISBN 978-3-86916-025-2

Heft 16/2009
Neil Jordan
117 Seiten, € 19,–
ISBN 978-3-86916-026-9

Heft 17/2010
Eric Rohmer
Gastherausgeberin: Uta Felten
117 Seiten, € 19,–
ISBN 978-3-86916-052-8

Heft 18/2010
Junges Kino in Lateinamerika
Gastherausgeber: Peter W. Schulze
116 Seiten, € 20,–
ISBN 978-3-86916-053-5

Heft 19/2010
Roman Polanski
140 Seiten, € 23,–
ISBN 978-3-86916-070-2

Heft 20/2010
Jean-Luc Godard
Gastherausgeber: Bernd Kiefer
116 Seiten, € 22,–
ISBN 978-3-86916-071-9

Heft 21/2011
Michael Haneke
Gastherausgeberin: Daniela Sannwald
100 Seiten, € 21,–
ISBN 978-3-86916-114-3

Heft 22/2011
Gus van Sant
Gastherausgeber: Manuel Koch
124 Seiten, € 22,–
ISBN 978-3-86916-115-0

Heft 23/2011
Ettore Scola
Gastherausgeberin: Marisa Buovolo
106 Seiten, € 22,–
ISBN 978-3-86916-135-8

Heft 24/2011
Max Ophüls
Gastherausgeber: Ronny Loewy
92 Seiten, € 20,–
ISBN 978-3-86916-134-1

Heft 25/2012
Bertrand Tavernier
Gastherausgeber: Karl Prümm
132 Seiten, € 26,–
ISBN 978-3-86916-177-8

Heft 26/2012
Alan J. Pakula
Gastherausgeberin: Claudia Mehlinger
112 Seiten, € 25,–
ISBN 978-3-86916-178-5

Heft 27/2012
Rouben Mamoulian und Frank Borzage
Gastherausgeber: Armin Jäger
148 Seiten, € 28,–
ISBN 978-3-86916-205-8

Heft 28/2012
Edgar Reitz
103 Seiten, € 26,–
ISBN 978-3-86916-206-5

Heft 29/2013
Sofia Coppola
Herausgegeben von Johannes Wende
112 Seiten, € 20,–
ISBN 978-3-86916-247-8

Heft 30/2013
Michael Ballhaus
Herausgegeben von Fabienne Liptay
123 Seiten, € 20,–
ISBN 978-3-86916-245-5

Heft 31/2013
Jean-Pierre und Luc Dardenne
Herausgegeben von Johannes Wende
117 Seiten, € 20,–
ISBN 978-3-86916-264-5

Heft 32/2013
Ousmane Sembène
Herausgegeben von Johannes Rosenstein
117 Seiten, € 20,–
ISBN 978-3-86916-265-2

Heft 33/2014
John Lasseter
Herausgegeben von Johannes Wende
104 Seiten, € 20,–
ISBN 978-3-86916-333-8

Heft 34/2014
Takashi Miike
Herausgegeben von Tanja Prokić
138 Seiten, € 20,–
ISBN 978-3-86916-334-5

Heft 35/2014
Jean Renoir
Herausgegeben von Lisa Gotto
110 Seiten, € 20,–
ISBN 978-3-86916-367-3

Heft 36/2014
Doris Dörrie
Herausgegeben von Fabienne Liptay
106 Seiten, € 20,–
ISBN 978-3-86916-369-7

Heft 37/2015
Spike Jonze
Herausgegeben von Johannes Wende
110 Seiten, € 20,–
ISBN 978-3-86916-400-7

Heft 38/2015
Dominik Graf
Herausgegeben von Jörn Glasenapp
116 Seiten, € 20,–
ISBN 978-3-86916-402-1

Heft 39/2015
Satyajit Ray
Herausgegeben von Susanne Marschall
113 Seiten, € 20,–
ISBN 978-3-86916-446-5

Heft 40/2015
Milena Canonero
Herausgegeben von Fabienne Liptay
114 Seiten, € 20,–
ISBN 978-3-86916-448-9

Heft 41/2016
Pedro Costa
Herausgegeben von Malte Hagener und Tina Kaisery
112 Seiten, € 20,–
ISBN 978-3-86916-478-6

Die Filme der HFF München
Herausgegeben von Michaela Krützen

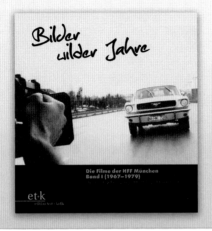

Judith Früh /
Helen Simon (Hg.)
Mitarbeit: Catalina Torres
Bilder wilder Jahre
Band I (1967 – 1979)
418 Seiten
zahlreiche farbige und
s/w-Abbildungen
€ 39,80
ISBN 978-3-86916-066-5

Die Gründung und Etablierung einer Hochschule für Fernsehen und Film in München erzählt eine Erfolgsgeschichte. Die Buchreihe »Die Filme der HFF München« lädt dazu ein, die Produktionen der Hochschule zu entdecken.

Der erste Band der auf vier Bände ausgelegten Reihe umfasst die Zeit der wilden und politisch brisanten späten 1960er und 1970er Jahre, die zusammenfallen mit den Gründungs- und Selbstfindungsjahren der HFF. Die Filme und Dokumente von den damaligen Studenten, darunter so bekannte wie Wim Wenders, Bernd Eichinger, Doris Dörrie oder Dominik Graf, zeugen von einem bewegten Prozess. Nicht wenige heute vergessene filmische Juwelen entstanden zwischen 1967-1979, die der Band »Bilder wilder Jahre« hier erstmals präsentiert.

et+k
edition text+kritik · 81673 München · www.etk-muenchen.de

> ## Die Filme der HFF München
> Herausgegeben von Michaela Krützen

Judith Früh /
Catalina Torres (Hg.)
Bilder aus der Zeit dazwischen
Band II (1980–1989)
507 Seiten
zahlreiche farbige und
s/w-Abbildungen
€ 39,80
ISBN 978-3-86916-263-8

Die Gründung und Etablierung einer Hochschule für Fernsehen und Film in München erzählt eine Erfolgsgeschichte. Die Buchreihe »Die Filme der HFF München« lädt dazu ein, die Produktionen Produktionen der Hochschule zu entdecken. Nach dem Eröffnungsband, der sich den Gründungsjahren widmete, umfasst nun der zweite Band der Reihe die 1980er Jahre und damit eine Zeit, in der die Hochschule als Institution bereits fest verankert war, sich jedoch zugleich grundlegende Veränderungen ergaben.

Insgesamt zeugen die HFF-Filme der 1980er Jahre – darunter die ersten Filme von Caroline Link oder Hans-Christian Schmid – davon, wie die »Kinder des Autorenfilms« erwachsen wurden und auf diese seltsame Zeit zwischen dem Gestern, wie es von der »wilden« 1968er Generation geprägt wurde und dem Heute, wie wir es kennen, äußerst unterschiedliche Antworten fanden.

edition text+kritik · 81673 München · www.etk-muenchen.de

> TEXT+KRITIK
Begründet von Heinz Ludwig Arnold auch als eBook

Heft 103 / 2. Aufl. Neufassung
Rainer Werner Fassbinder
153 Seiten, € 32,–
ISBN 978-3-86916-436-6

Mehr als 30 Jahre nach seinem Tod ist Rainer Werner Fassbinder (1945–1982) auf der Bühne wie im Kino präsent wie kaum einer seiner Zeitgenossen. In seinem reichen Gesamtwerk gibt es nach wie vor Neues zu entdecken. Die Beiträge des Heftes beschäftigen sich unter neuen Fragestellungen mit kanonisierten Werken (z. B. »Angst essen Seele auf«), vor allem widmen sie sich Filmen, die erst in letzter Zeit in den Fokus der Wissenschaft gerückt (»Welt am Draht« als Vorläufer von »Matrix«, »Berlin Alexanderplatz« als high art im Fernsehen) oder weitgehend unbekannt sind, weil nicht zugänglich (die gesperrte Kroetz-Adaption »Wildwechsel«, die Show »Wie ein Vogel auf dem Draht«, die Theater-Inszenierungen »Nora Helmer« und »Frauen in New York«). In den verschiedenen Aneignungen von Fassbinder im Theater, die sich von dessen eigener Inszenierung emanzipiert haben, erweist sich die offene Struktur seiner Texte als avanciertes Modell transmedialen Erzählens.

et+k

edition text+kritik · 81673 München · www.etk-muenchen.de